卷首语

为保证公安机关正确贯彻执行新刑事诉讼法，公安部对1998年发布的原程序规定进行了全面修订，并于2012年12月13日发布了修订后的《公安机关办理刑事案件程序规定》（以下简称《程序规定》）。《程序规定》是公安机关贯彻新刑事诉讼法的基本规则，是刑事诉讼法在公安侦查工作中的具体化，对规范公安刑事执法活动具有重要意义。本辑特别收录了公安部法制局负责人就修订《程序规定》以及贯彻新刑事诉讼法的答记者问。同时，本辑还继上一辑收录了《人民检察院刑事诉讼规则》的文件内容后，登载了最高人民检察院法律政策研究室主要负责人就该规则的答记者问以及详细的解读，以便读者学习理解和掌握。

此外，在最高人民检察院、公安部和最高人民法院相继颁布了新刑事诉讼法的配套规定后，全国人大常委会法工委会同最高人民法院、最高人民检察院、公安部等共六个部委于2012年12月26日联合发布了《关于实施刑事诉讼法若干问题的规定》，对新刑事诉讼法迫切需要解决的涉及多个部门的问题作出了具体规定。该规定有利于执法机关统一认识，保证新刑事诉讼法的正确实施。为便于读者在实践中准确理解和适用，本辑专门约请了全国人大常委会法制工作委员会刑法室有关人员对该规定作了深入解读，以飨读者。

图书在版编目（CIP）数据

刑事法律文件解读．总第94辑/南英主编．—北京：
人民法院出版社，2013.5
（最新法律文件解读丛书）
ISBN 978-7-5109-0716-6

Ⅰ.①刑…　Ⅱ.①南…　Ⅲ.①刑法-法律解释-中国
②刑事诉讼法-法律解释-中国　Ⅳ.①D924.05②D925.205

中国版本图书馆CIP数据核字（2013）第108026号

刑事法律文件解读．总第94辑

主编　南　英

责任编辑　兰丽专
出版发行　人民法院出版社
地　　址　北京市东城区东交民巷27号　邮编　100745
电　　话　（010）67550626（责任编辑）　67550558（发行部查询）
　　　　　　65223677（读者服务部）
网　　址　http：//www.courtbook.com.cn
E - mail　courtbook@sina.com
印　　刷　北京人卫印刷厂
经　　销　新华书店
开　　本　787×1092毫米　1/16
字　　数　140千字
印　　张　8
版　　次　2013年5月第1版　2013年5月第1次印刷
书　　号　ISBN 978-7-5109-0716-6
定　　价　16.00元

《最新法律文件解读》丛书
编 委 会

执行编辑 兰丽专

电 话 （010）67550626

邮 箱 lanlizhuan@ sohu. com

目　录

[刑事诉讼法配套规定及解读]

人民检察院刑事诉讼规则（试行）

（略，详见《刑事法律文件解读》总第93辑）

全面正确履行刑事诉讼法律监督职责 始终坚持惩罚犯罪与保障人权相统一

——最高人民检察院法律政策研究室主要负责人就《人民检察院刑事诉讼规则（试行）》答记者问

2012年11月22日，最高人民检察院制发了修改后的《人民检察院刑事诉讼规则（试行）》（以下简称《规则》），自2013年1月1日起施行。最高人民检察院法律政策研究室主要负责人就相关问题回答了记者提问。

问：请介绍一下《规则》出台的背景和意义。

答：2012年3月14日，十一届全国人大五次会议审议通过了《关于修改〈中华人民共和国刑事诉讼法〉的决定》，将于明年1月1日起施行。这是中央司法体制和工作机制改革的重大成果，是完善中国特色社会主义法律体系的重大举措，是我国社会主义民主法制建设的重大成就。为保证人民检察院正确贯彻执行修改后的刑事诉讼法，最高人民检察院对《人民检察院刑事诉讼规则》进行了修改。

《规则》是指导检察机关贯彻执行刑事诉讼法、全面正确履行刑事诉讼法律监督职责的重要司法解释文件。修改后《规则》的颁布实施，对于保证人民检察院在刑事诉讼中严格依法办案，正确履行职责，确保案件质量，实现惩罚犯罪与保障人权的统一，具有重要意义。一是检察机关贯彻执行修改后的刑事诉讼法的必然要求。修改后刑事诉讼法对我国刑事诉讼制度作了重要修改和完善，涉及检察职能的方方面面。修改后刑事诉讼法新增加的内容，有不少在检察工作具体适用中需要司法解释予以明确，一些根据修改前刑事诉讼法制定的司法解释也要进行清理、修改和完善，一些与修改后刑事诉讼法实施相配套的制度和机制也迫切需要建立健全。刑事诉讼规则修改势在必行。二是贯彻落实司法改革和检察改革要求的重要成果。我国司法体制和工作机制改革取得了重要成果。高检院单独或者会同相关部门出台了一系列改革措施，强化法律监督职能的改革取得重大进展，同时，对自身执法活动的监督制约机制更加完善，贯彻落实宽严相济刑事政策工作机制更加健全。通过修改《规则》，使得司法改革和检察改革的要求得到进一步的贯彻落实。三是落实党的十八大关于全面推进依法治国、强化法律监督精神的重要举措。十八大报告将“全面推进依法治国”作为推进政治建设和政治体制改革的奋斗目标之一，提出要全面推进依法治国，强调要更加注重发挥法治在国家治理和社会管理中的重要作用。修改后的《规则》进一步强调规范执法，坚持有法必依、执法必严、违法必究，确保检察权依法独立公正行使，切实维护国家法制统一、尊严和权威。

问：请介绍一下《规则》的修改遵循的指导思想。

答：我们在修改工作中坚持以下指导思想：一是严格遵循立法精神。遵循立法精神是司法解释的重要原则。检察机关行使司法解释权，其宗旨必须从国家根本政治制度出发，其任务首先是理解立法精神，严格执行法律。在司法解释中首先就是要客观真实地发现和阐明立法原意，要坚持宪法和法律关于人民检察院的职能定位，坚持维护法制统一、尊严、权威的目标。二是惩治犯罪与保障人权并重。修改后刑事诉讼法将“尊重和保障人权”明确写入总则，并在具体诉讼制度上就贯彻这一原则作出了更加具体的规定。检察机关在刑事诉讼中居于特殊地位，既要准确及时地查明犯罪事实，正确运用法律惩罚犯罪分子，又要保障无罪的人不受刑事追究，保障犯罪嫌疑人、被告人和其他诉讼参与人在刑事诉讼中的合法权益。三是强化法律监督与强化自身监督并重。修改后刑事诉讼法在进一步强化检察机关法律监督职能的同时，也对检察机关正确履行法律监督职责、严格公正执法提出了新的更高要求。《规则》修改突出体现了监督者更要接受监督的理念，针对检察机关执法办案的重点环节，规定了较为完备的内部监督制约机制，以严格规范检察机关执法办案活动。四是加强沟通协商，形成执法合力。我们在修改过程中注意加强与中央政法机关的沟通与协调，保证相关司法解释和规范性文件的协调一致。

问：请介绍一下修改《规则》的主要任务。

答：《规则》的修改主要围绕以下几个方面进行：一是对刑事诉讼法涉及检察工作的概念、条文含义作出解释、界定。修改后刑事诉讼法有一些概念、条文含义存在进一步作出解释的必要，如特别重大贿赂犯罪、指定居所监视居住等。对这些概念、条文作何理解，直接关系到检察权的正确行使，关系到保障诉讼当事人的权利，需要根据立法精神准确加以界定。二是对刑事诉讼法设定的制度进行细化。此次刑事诉讼法修改增加了一些新的制度，在证据制度、强制措施、侦查措施、辩护制度、逮捕制度、公诉制度等方面都有新规定，有些规定比较原则。我们在《规则》中对这些制度进行细化，保证这些新规定能够正确实施。三是对检察机关执行刑事诉讼法的工作程序、操作程序作出规定。《规则》的另外一项重要任务，是对检察机关执行刑事诉讼法相关规定的具体操作程序作出规定。包括检察机关受理案件后的内部移送、对办案流程的监控，以及新增职能的内部分工等，都在《规则》中加以明确，建立相应的工作机制。

问：请介绍一下《规则》是如何进一步规范追究犯罪的手段和措施。

答：当前，我国正处于社会转型期和矛盾凸显期，刑事案件居高不下，犯罪种类和手段出现许多新变化，打击犯罪、维护稳定的任务十分繁重。修改后的《规则》按照刑事诉讼法的有关规定，对惩治犯罪的手段和措施作了进一步的规范和细化。检察机关要认真学习领会这些规定，充分运用好法律赋予的武器。

1. 正确使用指定居所监视居住的措施。修改后刑事诉讼法规定，对于涉嫌特别重大贿赂犯罪，在住处执行可能有碍侦查的，经上一级人民检察院或者公安机关批准，也可以在指定的居所执行。这是在侦查环节应对职务犯罪特殊性的有效措施。对这一措施既要善于使用，又要慎重使用。修改后的《规则》规定，指定的居所应当符合以下条件：具备正常的生活、休息条件；要便于监视、管理；能够保证办案安全。同时，采取指定居所监视居住的，不得在看守所、拘留所、监狱等羁押、监管场所以及留置室、讯问室等专门的办案场所或者检察机关的办公区域执行。

2. 正确适用技术侦查措施。修改后刑事诉讼法增加了关于技术侦查措施的规定，相应的，修改后的《规则》在侦查一章中设专节对技术侦查措施作了专门规定，对技术侦查措施的使用作了严格的规范和约束：第一，适用范围仅限于涉案数额在十万元以上、采取其他方法难以收集证据的重大贪污、贿赂犯罪案件以及利用职权实施的严重侵犯公民人身权利的重大犯罪案件，或者用于追捕被通缉或者批准、决定逮捕的在逃的犯罪嫌疑人、被告人。第二，使用的环节必须是在立案以后。第三，必须经过严格的批准手续。第四，检察机关要交有关机关执行。第五，采取技术侦查措施获取的证据、线索及其他有关材料，只能用于对犯罪的侦查、起诉和审判，不得用于其他用途。

3. 正确适用犯罪嫌疑人、被告人逃匿、死亡案件违法所得的没收程序。修改后刑事诉讼法适应司法实践的需要，建立了违法所得没收机制，对于加大惩治贪污贿赂犯罪、恐怖活动犯罪的力度，不让潜逃的犯罪分子在经济上占到便宜，及时处置犯罪嫌疑人、被告人死亡案件的涉案财产具有重要意义。修改后的《规则》对违法所得没收程序设专节加以规定：第一，关于适用范围。犯罪嫌疑人、被告人逃匿的，仅限于贪污贿赂犯罪、恐怖活动犯罪等重大犯罪案件，犯罪嫌疑人、被告人死亡的依法适用没收程序。第二，人民检察院应当在接到公安机关移送的没收违法所得意见书后三十日以内作出是否提出没收违法所得申请的决定。三十日以内不能作出决定的，经检察长批准，可以延长十五日。第三，人民检察院直接受理立案侦查的案件，认为可能符合法律规定条件的，侦查部门应当启动违法所得没收程序进行调查。第四，人民法院对没收违法所得的申请进行审理，人民检察院应当承担举证责任。

问：请介绍一下《规则》如何体现“尊重和保障人权”的原则。

答：把“尊重和保障人权”写入《规则》，既是落实刑事诉讼法的要求，也是我国社会主义检察制度的本质要求。修改后的《规则》在具体规定中均贯彻和体现了这一原则。检察机关要正确理解和全面把握关于尊重和保障人权的一系列新规定、新要求，牢固树立尊重人权、保障人权意识，坚持追究犯罪与保障人权并重，努力实现二者有机统一和平衡。

1. 切实保障犯罪嫌疑人、被告人的辩护权。辩护制度是刑事诉讼中人权保障的一项重要制度。近年来，我国的刑事辩护制度取得长足发展，但也存在诸如律师“会见难、阅卷难、取证难”等突出问题。修改后刑事诉讼法针对辩护制度存在的问题，作了重大修改。为了适应这一变化，修改后的《规则》有关辩护与代理的内容单独作为一章，并根据修改后刑事诉讼法的规定，增加了诸多保障犯罪嫌疑人委托辩护人以及保障辩护人行使诉讼权利的条文，包括犯罪嫌疑人委托辩护权、辩护律师会见权、辩护人阅卷权、辩护律师申请检察机关调取无罪、罪轻证据的权利、辩护人提出辩护意见权，以及辩护人申诉、控告权等。

2. 正确适用非法证据排除制度，防止刑讯逼供。为了有效防止刑讯逼供等现象的发生，修改后刑事诉讼法明确宣示了“不得强迫任何人证实自己有罪”的原则，并规定了非法证据排除制度。检察机关在非法证据排除方面可以发挥重要职能作用。《规则》对检察机关排除非法证据的具体操作程序作了规定：第一，对非法证据排除制度中其他“非法方法”作了界定。其他非法方法是指违法程度和对当事人的强迫程度与刑讯逼供或者暴力、威胁相当，迫使其违背意愿供述的方法。第二，规定了排除非法证据的效力。关于言词证据，被排除的非法言词证据不得作为报请逮捕、批准或者决定逮捕、移送审查起诉以及提起公诉的依据；关于物证、书证，对于经侦查机关补正或者能够作出合理解释的，可以作为批准或者决定逮捕、提起公诉的依据，侦查机关不能补正或者无法作出合理解释的，对该证据应当予以排除。第三，规定了排除非法证据的诉讼环节。人民检察院在侦查、审查起诉和审判阶段均可启动非法证据排除程序。另外，检察人员参加庭前会议时，应当就排除非法证据提出意见。

3. 严格执行关于传唤、拘传间隔时间的规定，防止变相拘禁。修改后刑事诉讼法对传唤、拘传时间作了适当延长，同时规定“应当保证犯罪嫌疑人的饮食和必要的休息时间”。司法实践中存在着通过连续传唤、拘传变相延长传唤、拘传时间的现象。我们认为，对于限制或者剥夺人身自由的强制措施应当严格依法规范，传唤、拘传强制措施可以由侦查机关自行决定适用，更应从制度设计上防止其单纯从有利侦查的角度任意解释和适用。修改后的《规则》规定，两次传唤、拘传间隔的时间一般不得少于十二小时，不得以连续传唤、拘传的方式变相拘禁犯罪嫌疑人。

4. 依法执行逮捕后的羁押必要性审查制度，防止不当羁押。以往捕后“一押到底”的情况成为常态，羁押期限往往等同于办案机关的办案期限。修改后刑事诉讼法增设了羁押必要性审查制度，《规则》对具体的操作程序作了规定：第一，关于羁押必要性审查的部门分工。侦查阶段的羁押必要性审查由侦查监督部门负责；审判阶段的羁押必要性审查由公诉部门负责。监所检察部门在监所检察工作中发现不需要继续羁押的，可以提出释放犯罪嫌疑人、被告人或者变更强制措施的建议。第二，列举了可以提出予以释放或者变更强制措施的建议的情形，包括案件事实基本查清，证据已经收集固定，符合取保候审或者监视居住条件的等。第三，列举了羁押必要性审查的审查方式，包括对犯罪嫌疑人、被告人进行羁押必要性评估等。

问：请介绍一下《规则》如何进一步规范检察机关对刑事诉讼的法律监督职责。

答：加强和完善检察机关对诉讼活动的法律监督，是这次修改刑事诉讼法的重点之一，也是修改《规则》的重要原则和要求。《规则》完善了检察机关刑事诉讼法律监督的范围，明确了监督手段，健全了监督机制，强化了监督效力。检察机关要学习好理解好这些新规定、新要求，切实履行好各项监督职责。

1. 正确适用对不应当立案而立案的监督。修改后的《规则》明确规定了检察机关有权对公安机关不应当立案而立案进行监督，并规定有证据证明公安机关可能存在违法动用刑事手段插手民事、经济纠纷，或者利用立案实施报复陷害、敲诈勒索以及谋取其他非法利益等违法立案情形，尚未提请批准逮捕或者移送审查起诉的，应当要求公安机关书面说明立案理由。公安机关说明立案的理由后，应当进行审查，认为公安机关不立案或者立案理由不能成立的，应当通知公安机关撤销案件。

2. 严格执行对羁押和办案期限的监督。羁押期限与办案期限贯穿侦查、起诉、审判各个诉讼阶段，实践中侦查监督部门、公诉部门和监所检察部门都可以监督，但是各部门权责不明或者职能交叉，容易出现相互推诿、监督不力等问题。修改后的《规则》将“羁押和办案期限监督”单列一节，并区别三种情形，对羁押期限和办案期限监督的职责作出了合理分工：第一，对公安机关、人民法院办理案件的羁押期限和办案期限的监督，犯罪嫌疑人、被告人被羁押的，由人民检察院监所检察部门负责；第二，犯罪嫌疑人、被告人未被羁押的，由人民检察院侦查监督部门或者公诉部门负责；第三，对人民检察院办理案件的羁押期限和办案期限的监督，由本院案件管理部门负责。

3. 正确履行对刑罚变更执行的同步监督。修改后刑事诉讼法规定了检察机关对暂予监外执行、减刑、假释裁决前监督的职责，这一机制有利于提高监督的实效和力度，弥补检察机关事后监督的不足，促进刑罚变更执行的公平公正。基于此，修改后的《规则》规定，人民检察院收到暂予监外执行书面意见副本、减刑、假释建议书副本后，应当逐案进行审查，发现不符合法定条件或者违反法定程序的，应当在十日以内向决定或者批准机关、审理减刑、假释案件的人民法院提出书面检察意见，同时也可以向监狱、看守所等执行机关提出书面纠正意见。

问：请介绍一下《规则》如何体现强化自我约束的要求。

答：修改后的《规则》在强化检察机关监督职能的同时，也对检察机关规范行使职权、加强自身监督制约提出了一系列新的更高的要求。

1. 严格执行讯问全程同步录音、录像制度。检察机关从2006年开始推行讯问职务犯罪嫌疑人的全程同步录音、录像制度，一个重要的目的就是防止对犯罪嫌疑人刑讯逼供。实践证明，这一制度的效果是好的。修改后刑事诉讼法吸收这一经验，规定了讯问过程的录音或者录像制度。在检察机关内部，对讯问职务犯罪嫌疑人录音、录像的要求更高，要求做到“全程、全部、全面”进行。修改后的《规则》对讯问时录音、录像规定了具体的操作程序：第一，关于讯问录音、录像的要求。每次讯问犯罪嫌疑人的时候，应当对讯问过程实行全程录音、录像。讯问由侦查人员负责，录音、录像由检察技术人员负责。第二，关于讯问录音、录像的作用。被告人或者辩护人对讯问活动合法性提出异议的，必要时，公诉人可以提请法庭当庭播放相关时段的讯问录音、录像，对有关异议或者事实进行质证。第三，关于讯问录音、录像的移送或者调取。对于公安机关立案侦查的案件，人民检察院审查逮捕、审查起诉时可以调取公安机关讯问犯罪嫌疑人的录音、录像；人民检察院直接立案侦查的案件，侦查部门移送审查逮捕、审查起诉时，应当将讯问录音、录像连同案卷材料一并移送审查；向人民法院移送证据材料时，被告人及其辩护人提出审前供述系非法取得，并提供相关线索或者材料的，人民检察院可以将讯问录音、录像连同案卷材料一并移送人民法院。

2. 全面贯彻职务犯罪案件审查逮捕“上提一级”的要求。修改后的《规则》对“逮捕上提一级”的有关操作程序作了一些修改和完善：第一，对“上提一级”案件，下级院侦查监督部门不再对拟报请上级院批准逮捕的案件进行审查。第二，取消下级院变更逮捕措施应当报请批准逮捕的上级院同意的规定。第三，分、州、市人民检察院需要将属于本院管辖的案件指定下级人民检察院管辖的，应当报请上一级人民检察院批准。

3. 正确理解和把握案件管理机制改革的要求。目前，全国检察机关正在推行案件管理机制改革。案件管理工作是检察机关内部一项重要的管理监督机制，案件管理部门承担着管理、监督、服务、参谋的重要职能，主要职责就是对各个业务部门办理的案件，负责统一受理、流转、对外移送审核，对办案期限、办案程序等进行流程管理、预警监控，对查封、扣押、冻结、处理涉案款物以及开具法律文书等工作进行统一管理，组织对办案质量进行核查、评价以及对检察业务进行综合考评。《规则》专设一章"案件管理"，对案件管理工作作了规定。检察机关应当认真理解、准确把握上述规定的内容，按照案件管理机制改革的要求，加强对自身执法办案的监督，切实保障修改后的刑事诉讼法和刑事诉讼规则在检察机关得以全面正确贯彻执行。

解读——《人民检察院刑事诉讼规则（试行）》

陈国庆*

此次刑事诉讼法修改是对我国刑事诉讼制度的一次重大修改和完善，增加了一些新的制度，在证据制度、强制措施、侦查措施、辩护制度、逮捕制度、公诉制度等方面都作了改革和完善。另外，修改后刑事诉讼法有一些概念、条文含义存在进一步作出解释的必要，如特别重大贿赂犯罪、指定居所监视居住等。这些规定如何落实，概念如何界定，直接关系到检察权的正确行使，关系到诉讼当事人权利的保障。

《规则》修改突出体现了监督者更要接受监督的理念，针对检察机关执法办案的重点环节，规定了较为完备的内部监督制约机制，包括检察机关受理案件后的内部移送、对办案流程的监控、对办案质量的管理、以及新增职能的内部分工等，以严格规范检察机关执法办案活动。

* 作者单位：最高人民检察院法律政策研究室。

这次修改《规则》，在基本原则、根本任务，以及具体制度的设计上，都突出体现了惩治犯罪与保障人权统一、强化监督与规范执法并重的理念。

一、进一步规范惩治犯罪的手段和措施，更加有效地惩治职务犯罪

当前，我国正处于社会转型期和矛盾凸显期，刑事案件居高不下，犯罪种类和手段出现许多新变化，打击犯罪、维护稳定的任务十分繁重。修改后的《规则》按照刑事诉讼法的有关规定，对惩治犯罪的手段和措施作了进一步的规范和细化。

1. 正确使用指定居所监视居住的强制措施

修改后刑事诉讼法规定，对于涉嫌特别重大贿赂犯罪，在住处执行可能有碍侦查的，经上一级人民检察院或者公安机关批准，也可以在指定的居所执行。这是在侦查环节应对职务犯罪特殊性的有效措施。对这一措施既要善于使用，又要慎重使用。《规则》对指定居所监视居住的执行地点予以明确，概括规定了指定居所应当具备的条件：一是要具备正常的生活、休息条件；二是要便于监视、管理；三是能够保证办案安全。同时规定，采取指定居所监视居住的，不得在看守所、拘留所、监狱等羁押、监管场所以及留置室、讯问室等专门的办案场所或者检察机关的办公区域执行。

2. 规范使用技术侦查措施

修改后刑事诉讼法增加了关于技术侦查措施的规定，相应的，《规则》在侦查一章中设专节对技术侦查措施作了专门规定，对技术侦查措施的使用作了严格的规范和约束：第一，关于适用范围，仅限于涉案数额在十万元以上、采取其他方法难以收集证据的重大贪污、贿赂犯罪案件以及利用职权实施的严重侵犯公民人身权利的重大犯罪案件，或者用于追捕被通缉或者批准、决定逮捕的在逃的犯罪嫌疑人、被告人。第二，使用的环节必须是在立案以后，立案以前不得使用技术侦查措施。第三，必须经过严格的批准手续，批准决定自签发之日起三个月以内有效。第四，检察机关要交有关机关执行。第五，采取技术侦查措施获取的证据、线索及其他有关材料，只能用于对犯罪的侦查、起诉和审判，不得用于其他用途。

3. 正确适用一人犯数罪、关联犯罪的并案处理

原《规则》规定，人民检察院侦查直接受理的刑事案件涉及公安机关管辖的刑事案件，应当将属于公安机关管辖的刑事案件移送公安机关。这就造成一人犯数罪或者关联犯罪，

往往由不同机关立案侦查，不利于集中调查取证，也不利于侦查、起诉、审判的衔接。例如一些渎职犯罪，如徇私枉法罪、徇私舞弊不移交刑事案件罪、放纵走私罪、玩忽职守罪等的认定，往往与公安机关管辖的犯罪相关联，而公安机关管辖的犯罪往往又是构成这些渎职犯罪的要件。以主罪或最先发现作为确定侦查管辖的原则，对案件进行并案处理，有利于查明案件事实。《规则》对一人犯数罪及关联犯罪的并案处理作出规定，同时规定，并案处理要以有利于查明案件事实和保障诉讼顺利进行为前提。

4. 正确使用量刑建议，保证被告人罚当其罪

2008 年以来，在有关中央司法机关的配合下，最高人民法院牵头推行了量刑规范化改革工作。实践证明，量刑规范化改革有利于促进审判公开，使量刑方法更加科学规范，量刑尺度更加具体明确，量刑过程更加公开透明，量刑结果更加公正和均衡。统计数字表明，通过试行量刑规范化办理的案件，当庭认罪率、和解撤诉率、退赃退赔率和服判息诉率明显上升，案件的上诉率、抗诉率、上访申诉率普遍下降，进一步提高了刑事司法公信力。修改后的刑事诉讼法吸收了这一改革成果，规定在法庭审理过程中，对与定罪、量刑有关的事实、证据都应当进行调查、辩论。此次《规则》修改，吸收了量刑规范化改革的成果，参考了《人民检察院开展量刑建议工作的指导意见（试行）》，对检察机关提出量刑建议的案件范围、提出方式、内部审批程序、量刑建议的载体、法庭审理中量刑证据的出示以及提出量刑建议的时机等作了规定，有利于促进检察机关的量刑建议工作进一步规范化，保证被告人罚当其罪。

5. 正确适用犯罪嫌疑人、被告人逃匿、死亡案件违法所得的没收程序

在刑事诉讼中，对违法所得应如何处理，是一个法律规定不明确并长期困扰公安机关、人民检察院的问题。此次刑事诉讼法修改适应司法实践的需要，建立了违法所得没收机制，彰显了我国打击贪污贿赂犯罪、恐怖活动犯罪的决心。

《规则》对违法所得没收程序设专节加以规定，明确规定了检察机关对没收违法所得意见书的审查、提出没收违法所得申请、没收违法所得申请书的内容、出席法庭、检察监督等具体内容，对于加大惩治贪污贿赂犯罪、恐怖活动犯罪的力度，不让潜逃的犯罪分子在经济上占到便宜，及时处置犯罪嫌疑人、被告人死亡案件的涉案财产具有积极意义。

二、充分体现“尊重和保障人权”的原则，强化对犯罪嫌疑人、被告人权利的保护

把“尊重和保障人权”写入《规则》，既是落实修改后刑事诉讼法的必然要求，也是我国社会主义司法制度的本质要求。《规则》不仅在总则部分鲜明地将“尊重和保障人权”作为人民检察院在刑事诉讼中的根本任务之一，而且在证据、辩护、强制措施、侦查措施、审查逮捕、审查起诉等程序设置和具体规定中都贯彻和体现了“尊重和保障人权”的原则。

1. 切实保障犯罪嫌疑人、被告人的辩护权

辩护制度是刑事诉讼中人权保障的一项重要制度。近年来，我国的刑事辩护制度取得长足发展，但也存在诸如律师“会见难、阅卷难、取证难”等突出问题。修改后刑事诉讼法针对辩护制度存在的问题，作了重大修改。为了适应这一变化，《规则》将有关辩护与代理的内容单独作为一章，并根据修改后刑事诉讼法的规定，增加了诸多保障犯罪嫌疑人委托辩护人以及保障辩护人行使诉讼权利的条文，包括犯罪嫌疑人委托辩护权、辩护律师会见权、辩护人阅卷权、辩护律师申请检察机关调取无罪、罪轻证据的权利、辩护人提出辩护意见权，以及辩护人申诉、控告权等。

2. 正确适用非法证据排除制度，防止刑讯逼供

《规则》对检察机关排除非法证据的具体操作程序作了规定：一是对非法证据排除制度中“刑讯逼供”和“其他非法方法”作出了界定。刑讯逼供是指使用肉刑或者变相使用肉刑，使犯罪嫌疑人在肉体或者精神上遭受剧烈疼痛或者痛苦以逼取供述的行为。其他非法方法是指违法程度和对当事人的强迫程度与刑讯逼供或者暴力、威胁相当，迫使其违背意愿供述的方法。二是规定了排除非法证据的效力。关于言词证据，被排除的非法言词证据不得作为报请逮捕、批准或者决定逮捕、移送审查起诉以及提起公诉的依据；关于物证、书证，对于经侦查机关补正或者能够作出合理解释的，可以作为批准或者决定逮捕、提起公诉的依据，侦查机关不能补正或者无法作出合理解释的，对该证据应当予以排除。三是规定了排除非法证据的诉讼环节。人民检察院在侦查、审查起诉和审判阶段均可启动非法证据排除程序。另外，检察人员参加庭前会议时，应当就排除非法证据提出意见，如果能在庭前解决非法证据排除问题的，应当尽量在庭前作出决定。

3. 严格执行关于传唤、拘传间隔时间的规定，防止变相拘禁

新刑事诉讼法未明确两次传唤、拘传的间隔时间，仅规定“应当保证犯罪嫌疑人的饮食和必要的休息时间”。司法实践中存在着通过连续传唤、拘传变相延长传唤、拘传时间的现象。我们认为，对于限制或者剥夺人身自由的强制措施应当严格依法规范，传唤、拘传强制措施可以由侦查机关自行决定适用，更应从制度设计上防止其单纯从有利侦查的角度任意解释和适用。修改后的《规则》规定，两次传唤、拘传间隔的时间一般不得少于十二小时，不得以连续传唤、拘传的方式变相拘禁犯罪嫌疑人。

4. 依法执行逮捕后的羁押必要性审查制度，防止不当羁押

为解决捕后“一押到底”的问题，使羁押期限与办案期限适当分离，更严格慎重使用逮捕措施，修改后刑事诉讼法增设了羁押必要性审查制度。这是给检察机关新增加的一项重要职责，也是尊重和保障人权的一项重要制度。《规则》对具体的操作程序作了规定：一是列举了可以提出予以释放或者变更强制措施的建议的情形，包括案件事实基本查清，证据已经收集固定，符合取保候审或者监视居住条件等；二是列举了羁押必要性审查的审查方式，包括向侦查机关了解侦查取证的进展情况、调查核实犯罪嫌疑人、被告人的身体健康状况等；三是在检察机关内部对羁押必要性审查作了分工；四是规定了提出建议的具体程序。这些规定有利于保障犯罪嫌疑人、被告人不被不合法及不正当羁押的权利，同时也有利于改变我国羁押率居高不下的局面，节约国家的司法成本和资源。

5. 正确适用未成年人刑事案件诉讼程序，保护未成年犯罪嫌疑人合法权益

为了最大限度地教育、感化、挽救犯罪的未成年人，保障未成年犯罪嫌疑人的合法权益，修改后的《规则》设专节规定了未成年人刑事案件诉讼程序，主要包括以下内容：一是人民检察院应当指定熟悉未成年人身心特点的检察人员办理未成年人刑事案件；二是应当依法保障未成年犯罪嫌疑人的诉讼权利，包括必须保证未成年犯罪嫌疑人获得辩护人辩护，讯问时必须通知法定代理人或其他有关人员到场，一般不得使用械具等；三是应当认真执行对未成年人的社会调查制度，把社会调查报告作为教育和办案的参考；四是应当根据未成年犯罪嫌疑人涉嫌犯罪的事实、主观恶性、有无监护与社会帮教条件等，综合衡量其社会危险性，严格限制适用

逮捕措施；五是应当依法适用附条件不起诉制度，充分发挥这项制度在教育、感化、挽救未成年犯罪人方面的作用；六是应当严格执行犯罪记录封存制度，帮助失足未成年人尽快回归社会而不受歧视，预防其重新犯罪。

三、进一步强化法律监督职责

加强和完善检察机关对刑事诉讼活动的法律监督，是这次修改刑事诉讼法的重点之一，也是修改《规则》的重要原则和要求。《规则》完善了检察机关刑事诉讼法律监督的范围，丰富了监督手段，健全了监督机制，明确了监督效力，全面强化了检察机关的诉讼监督职能。

1. 正确适用对不应当立案而立案的监督

修改后的《规则》明确规定检察机关有权对公安机关不应当立案而立案进行监督，并规定了通知公安机关撤销案件的监督方式。关于检察机关监督公安机关对不应当立案而立案的案件予以撤销，需要注意以下几点：第一，应当突出监督的重点，主要是公安机关违法动用刑事手段插手民事、经济纠纷，或者办案人员利用立案实施报复陷害、敲诈勒索以及谋取其他非法利益等违法立案情形。第二，监督的启动要求具有一定的证据证明公安机关存在违法动用刑事手段的情形。第三，对于此类案件的监督，主要是指在公安机关移送审查逮捕前或者移送审查起诉前发现的案件。如果已经移送审查批准逮捕或者移送审查起诉的，应当通过不批准逮捕或者不起诉手段予以解决。

2. 正确适用对强制措施和侦查措施的监督

修改后刑事诉讼法第一百一十五条对当事人和辩护人、诉讼代理人、利害关系人对司法机关及其工作人员采取强制措施和侦查措施有违法情形时的申诉、控告及处理程序作了规定。修改后的《规则》对此作了细化：当事人和辩护人、诉讼代理人、利害关系人对司法机关及其工作人员有规定的行为之一的，应当首先向该司法机关提出申诉或者控告，对该机关对申诉或者控告的处理不服的，才能向同级人民检察院申诉；人民检察院直接受理的案件，对办理案件的人民检察院的处理不服的，可以向上一级人民检察院申诉；人民检察院对申诉应当及时进行审查，情况属实的，通知有关机关予以纠正。

3. 严格执行对羁押和办案期限的监督

羁押期限与办案期限贯穿侦查、起诉、审判各个诉讼阶段，与犯罪嫌疑人、被告人的权益保障息息相关。实践中，在人民检察院内部，侦查监督部门、公诉部门和监所检察部门都可以监督，但是各部门权责不明或者职能交叉，容易出现相互推诿、监督不力等问题。

修改后的《规则》将“羁押和办案期限监督”单列一节，并区别三种情形，对羁押期限和办案期限监督的职责作出了合理分工：第一，对公安机关、人民法院办理案件的羁押期限和办案期限的监督，犯罪嫌疑人、被告人被羁押的，由人民检察院监所检察部门负责；第二，犯罪嫌疑人、被告人未被羁押的，由人民检察院侦查监督部门或者公诉部门负责；第三，对人民检察院办理案件的羁押期限和办案期限的监督，由本院案件管理部门负责。

4. 正确履行对刑罚变更执行的同步监督

修改后刑事诉讼法规定了检察机关对暂予监外执行、减刑、假释裁决前监督的职责，这一机制有利于提高监督的实效和力度，弥补检察机关事后监督的不足，促进刑罚变更执行的公平公正。基于此，《规则》规定，人民检察院收到监狱、看守所抄送的暂予监外执行书面意见副本后，应当逐案进行审查，发现罪犯不符合暂予监外执行法定条件或者提请暂予监外执行违反法定程序的，应当在十日以内向决定或者批准机关提出书面检察意见，同时也可以向监狱、看守所提出书面纠正意见。人民检察院收到执行机关抄送的减刑、假释建议书副本后，应当逐案进行审查，发现减刑、假释建议不当或者提请减刑、假释违反法定程序的，应当在十日以内向审理减刑、假释案件的人民法院提出书面检察意见，同时也可以向执行机关提出书面纠正意见。

四、进一步规范执法活动，确保检察权依法正确行使

检察机关在监督纠正侦查、审判机关违法情形的同时，还要重视监督纠正检察机关自身执法中的违法情形。修改后的《规则》在强化检察机关监督职能的同时，也对检察机关规范行使职权、加强自身监督制约提出了一系列新的更高的要求。

1. 准确把握对“特别重大贿赂犯罪”的界定

对“特别重大贿赂犯罪”的界定，直接关系到辩护律师会见在押犯罪嫌疑人是否要经侦查机关许可和指定居所监视居住的案件范围。从立法精神来看，辩护律师会见在押的犯罪嫌疑人、被告人，应当以不经许可会见为原则，经许可会见为特殊；监视居住，应当以在其住处执行监视居住为原则，指定居所监视居住为特殊。在把握时，既不能控制过严，影响对特殊案件的查办，也不能把握过宽，导致例外规定常态化。基于上述考虑，修改后的《规则》将“特别重大贿赂犯罪”界定为以下三类案件：涉嫌贿赂犯罪数额在五十万元以上，犯罪情节恶劣的；有重大社会影响的；涉及国家重大利益的。关于涉案金额五十万元的标准，是根据目前办理贿赂案件的实际情况提出的。同时，我们还增加了“犯罪情节恶劣”的条件，对该情形作了进一步的限制。关于有重大社会影响的标准，主要是考虑要案的查办。一些身居要职的国家工作人员贿赂案件的查办，政治和社会影响都较大。关于涉及国家重大利益，主要是考虑发生在一些重要领域、涉及国家政治、军事、外交以及重点工程等关系国家重要利益的贿赂犯罪案件。上述三种情形约占检察机关查办贿赂犯罪案件的10%左右，不超过20%，这一比例较好地平衡了保障犯罪嫌疑人合法权利和打击特殊犯罪两方面的需要。

2. 严格执行讯问全程同步录音、录像制度

检察机关从2006年开始推行讯问职务犯罪嫌疑人的全程同步录音、录像制度，一个重要的目的就是规范检察机关的讯问活动，防止对犯罪嫌疑人刑讯逼供。实践证明，这一制度的效果是好的。新刑事诉讼法吸收这一经验，规定了讯问过程的录音或者录像制度。在检察机关内部，对讯问职务犯罪嫌疑人录音、录像的要求更高，要求做到“全程、全部、全面”进行。修改后的《规则》对讯问时录音、录像规定了具体的操作程序，规定每次讯问犯罪嫌疑人都应当对讯问过程实行全程录音、录像；讯问和录音、录像的人员要分离，讯问由侦查人员负责，录音、录像由检察技术人员负责；被告人或者辩护人对讯问活动合法性提出异议的，必要时公诉人可以提请法庭当庭播放相关时段的讯问录音、录像，对有关异议或者事实进行质证。

3. 全面贯彻职务犯罪案件审查逮捕“上提一级”的要求

检察机关作为法律监督机关，其自身办理职务犯罪案件如何监督一直是社会关注的问题。由于职务犯罪案件的立案、侦查、决定逮捕以前均由同一个检察院行使，权力较为集中，容易让人们对检察机关办案的公正性和公信力产生怀疑，也不利于维护犯罪嫌疑人的合法权益。将职务犯罪案件的逮捕由上级检察院审查决定，有利于加强上级检察院对下级检察院查办职务犯罪案件工作的监督制约，对于提高检察机关的执法公正性和公信力，保障犯罪嫌疑人的合法权益具有积极意义。

为了切实发挥逮捕上提一级制度的作用，《规则》规定，分、州、市

人民检察院需要将属于本院管辖的案件指定下级人民检察院管辖的，应当报请上一级人民检察院批准。

4. 正确理解和把握案件管理机制改革的要求

目前，全国检察机关正在推行案件管理机制改革。案件管理工作是检察机关内部一项重要的管理监督机制，案件管理部门承担着管理、监督、服务、参谋的重要职能，主要职责就是对各个业务部门办理的案件，负责统一受理、流转、对外移送审核，对办案期限、办案程序等进行流程管理、预警监控，对查封、扣押、冻结、处理涉案款物以及开具法律文书等工作进行统一管理，组织对办案质量进行核查、评价以及对检察业务进行综合考评。《规则》专设一章“案件管理”，对案件管理工作作了规定，要求各级检察机关加强对自身执法办案的监督和管理，切实保障修改后的刑事诉讼法和刑事诉讼规则在检察机关得以全面正确贯彻执行。

公安机关办理刑事案件程序规定

（2012年12月13日中华人民共和国公安部令第127号修订
自2013年1月1日起施行）

目　录

第一章　任务和基本原则

第一条　为了保障《中华人民共和国刑事诉讼法》的贯彻实施，保证公安机关在刑事诉讼中正确履行职权，规范办案程序，确保办案质量，提高办案效率，制定本规定。

第二条　公安机关在刑事诉讼中的任务，是保证准确、及时地查明犯罪事实，正确应用法律，惩罚犯罪分子，保障无罪的人不受刑事追究，教育公民自觉遵守法律，积极同犯罪行为作斗争，维护社会主义法制，尊重和保障人权，保护公民的人身权利、财产权利、民主权利和其他权利，保障社会主义建设事业的顺利进行。

第三条　公安机关在刑事诉讼中的基本职权，是依照法律对刑事案件立案、侦查、预审；决定、执行强制措施；对依法不追究刑事责任的不予立案，已经追究的撤销案件；对侦查终结应当起诉的案件，移送人民检察院审查决定；对不够刑事处罚的犯罪嫌疑人需要行政处理的，依法予以处理或者移送有关部门；对被判处有期徒刑的罪犯，在被交付执行刑罚前，剩余刑期在三个月以下的，代为执行刑罚；执行拘役、剥夺政治权利、驱逐出境。

第四条　公安机关进行刑事诉讼，必须依靠群众，以事实为根据，以法律为准绳。对于一切公民，在适用法律上一律平等，在法律面前，不允许有任何特权。

第五条　公安机关进行刑事诉讼，同人民法院、人民检察院分工负责，互相配合，互相制约，以保证准确有效地执行法律。

第六条　公安机关进行刑事诉讼，依法接受人民检察院的法律监督。

第七条 公安机关进行刑事诉讼，应当建立、完善和严格执行办案责任制度、执法过错责任追究制度等内部执法监督制度。

在刑事诉讼中，上级公安机关发现下级公安机关作出的决定或者办理的案件有错误的，有权予以撤销或者变更，也可以指令下级公安机关予以纠正。

下级公安机关对上级公安机关的决定必须执行，如果认为有错误，可以在执行的同时向上级公安机关报告。

第八条 公安机关办理刑事案件，应当重证据，重调查研究，不轻信口供。严禁刑讯逼供和以威胁、引诱、欺骗以及其他非法方法收集证据，不得强迫任何人证实自己有罪。

第九条 公安机关在刑事诉讼中，应当保障犯罪嫌疑人、被告人和其他诉讼参与人依法享有的辩护权和其他诉讼权利。

第十条 公安机关办理刑事案件，应当向同级人民检察院提请批准逮捕、移送审查起诉。

第十一条 公安机关办理刑事案件，对不通晓当地通用的语言文字的诉讼参与人，应当为他们翻译。

在少数民族聚居或者多民族杂居的地区，应当使用当地通用的语言进行讯问。对外公布的诉讼文书，应当使用当地通用的文字。

第十二条 公安机关办理刑事案件，各地区、各部门之间应当加强协作和配合，依法履行协查、协办职责。

上级公安机关应当加强监督、协调和指导。

第十三条 根据中华人民共和国缔结或者参加的国际条约和公安部签订的双边、多边合作协议，或者按照互惠原则，我国公安机关可以和外国警察机关开展刑事司法协助和警务合作。

第二章 管 辖

第十四条 根据刑事诉讼法的规定，刑事案件由公安机关管辖，但下列刑事案件除外：

（一）贪污贿赂犯罪，国家工作人员的渎职犯罪，国家机关工作人员利用职权实施的非法拘禁、刑讯逼供、报复陷害、非法搜查的侵犯公民人身权利的犯罪以及侵犯公民民主权利的犯罪案件，经省级以上人民检察院决定立案侦查的国家机关工作人员利用职权实施的其他重大的犯罪案件；

（二）自诉案件，但对人民法院直接受理的被害人有证据证明的轻微刑事案件，因证据不足驳回起诉，人民法院移送公安机关或者被害人向公安机关控告的，公安机关应当受理；被害人直接向公安机关控告的，公安机关应当受理；

（三）军人违反职责的犯罪和军队内部发生的刑事案件；

（四）罪犯在监狱内犯罪的刑事案件；

（五）其他依照法律和规定应当由其他机关管辖的刑事案件。

第十五条 刑事案件由犯罪地的公安机关管辖。如果由犯罪嫌疑人居住地的公安机关管辖更为适宜的，可以由犯罪嫌疑人居住地的公安机关管辖。

犯罪地包括犯罪行为发生地和犯罪结果发生地。犯罪行为发生地，包括犯罪行为的实施地以及预备地、开始地、途经地、结束地等与犯罪行为有关的地点；犯罪行为有连续、持续或者继续状态的，犯罪行为连续、持续或者继续实施的地方都属于犯罪行为发生地。犯罪结果发生地，包括犯罪对象被侵害地、犯罪所得的实际取得地、藏匿地、转移地、使用地、销售地。

居住地包括户籍所在地、经常居住地。经常居住地是指公民离开户籍所在地最后连续居住一年以上的地方。

法律、司法解释或者其他规范性文件对有关犯罪案件的管辖作出特别规定的，从其规定。

第十六条 针对或者利用计算机网络实施的犯罪，用于实施犯罪行为的网站服务器所在地、网络接入地以及网站建立者或者管理者所在地，被侵害的计算机信息系统及其管理者所在地，以及犯罪过程中犯罪分子、被害人使用的计算机信息系统所在地公安机关可以管辖。

第十七条 行驶中的交通工具上发生的刑事案件，由交通工具最初停靠地公安机关管辖；必要时，交通工具始发地、途经地、到达地公安机关也可以管辖。

第十八条 几个公安机关都有权管辖的刑事案件，由最初受理的公安机关管辖。必要时，可以由主要犯罪地的公安机关管辖。

具有下列情形之一的，公安机关可以在职责范围内并案侦查：

（一）一人犯数罪的；

（二）共同犯罪的；

（三）共同犯罪的犯罪嫌疑人还实施其他犯罪的；

（四）多个犯罪嫌疑人实施的犯罪存在关联，并案处理有利于查明犯罪事实的。

第十九条 对管辖不明确或者有争议的刑事案件，可以由有关公安机关协商。协商不成的，由共同的上级公安机关指定管辖。

对情况特殊的刑事案件，可以由共同的上级公安机关指定管辖。

第二十条 上级公安机关指定管辖的，应当将指定管辖决定书分别送达被指定管辖的公安机关和其他有关的公安机关。

原受理案件的公安机关，在收到上级公安机关指定其他公安机关管辖的决定书后，不再行使管辖权，同时应当将案卷材料移送被指定管辖的公安机关。

对指定管辖的案件，需要逮捕犯罪嫌疑人的，由被指定管辖的公安机关提请同级人民检察院审查批准；需要提起公诉的，由该公安机关移送同级人民检察院审查决定。

第二十一条 县级公安机关负责侦查发生在本辖区内的刑事案件。

设区的市一级以上公安机关负责重大的危害国家安全犯罪、恐怖活动犯罪、涉外犯罪、经济犯罪、集团犯罪案件的侦查。

上级公安机关认为有必要的，可以侦查下级公安机关管辖的刑事案件；下级公安机关认为案情重大需要上级公安机关侦查的刑事案件，可以请求上一级公安机关管辖。

第二十二条 公安机关内部对刑事案件的管辖，按照刑事侦查机构的设置及其职责分工确定。

第二十三条 铁路公安机关管辖铁路系统的机关、厂、段、院、校、所、队、工区等单位发生的刑事案件，车站工作区域内、列车内发生的刑事案件，铁路沿线发生的盗窃或者破坏铁路、通信、电力线路和其他重要设施的刑事案件，以及内部职工在铁路线上工作时发生的刑事案件。

铁路系统的计算机信息系统延伸到地方涉及铁路业务的网点，其计算机信息系统发生的刑事案件由铁路公安机关管辖。

对倒卖、伪造、变造火车票的案件，由最初受理案件的铁路公安机关或者地方公安机关管辖。必要时，可以移送主要犯罪地的铁路公安机关或者地方公安机关管辖。

铁路建设施工工地发生的刑事案件由地方公安机关管辖。

第二十四条 交通公安机关管辖交通系统的机关、厂、段、院、校、所、队、工区等单位发生的刑事案件，港口、码头工作区域内、轮船内发生的刑事案件，水运航线发生的盗窃或者破坏水运、通信、电力线路和其他重要设施的刑事案件，以及内部职工在交通线上工作时发生的刑事案件。

第二十五条 民航公安机关管辖民航系统的机关、厂、段、院、校、所、队、工区等单位、机场工作区域内、民航飞机内发生的刑事案件。

重大飞行事故刑事案件由犯罪结果发生地机场公安机关管辖。犯罪结果发生地未设机场公安机关或者不在机场公安机关管辖范围内的，由地方公安机关管辖，有关机场公安机关予以协助。

第二十六条 森林公安机关管辖破坏森林和野生动植物资源等刑事案件，大面积林区的森林公安机关还负责辖区内其他刑事案件的侦查。未建立专门森林公安机关的，由所在地公安机关管辖。

第二十七条 海关走私犯罪侦查机构管辖中华人民共和国海关关境内发生的涉税走私犯罪案件和发生在海关监管区内的非涉税走私犯罪案件。

第二十八条 公安机关侦查的刑事案件涉及人民检察院管辖的案件时，应当将属于人民检察院管辖的刑事案件移送人民检察院。涉嫌主罪属于公安机关管辖的，由公安机关为主侦查；涉嫌主罪属于人民检察院管辖的，公安机关予以配合。

公安机关侦查的刑事案件涉及其他侦查机关管辖的案件时，参照前款规定办理。

第二十九条 公安机关和军队互涉刑事案件的管辖分工按照有关规定办理。

公安机关和武装警察部队互涉刑事案件的管辖分工依照公安机关和军队互涉刑事案件的管辖分工的原则办理。列入武装警察部队序列的公安边防、消防、警卫部门人员的犯罪案件，由公安机关管辖。

第三章 回 避

第三十条 公安机关负责人、侦查人员有下列情形之一的，应当自行提出回避申请，没有自行提出回避申请的，应当责令其回避，当事人及其法定代理人也有权要求他们回避：

（一）是本案的当事人或者是当事人的近亲属的；

（二）本人或者他的近亲属和本案有利害关系的；

（三）担任过本案的证人、鉴定人、辩护人、诉讼代理人的；

（四）与本案当事人有其他关系，可能影响公正处理案件的。

第三十一条　公安机关负责人、侦查人员不得有下列行为：

（一）违反规定会见本案当事人及其委托人；

（二）索取、接受本案当事人及其委托人的财物或者其他利益；

（三）接受本案当事人及其委托人的宴请，或者参加由其支付费用的活动；

（四）有其他不正当行为，可能影响案件公正办理。

违反前款规定的，应当责令其回避并依法追究法律责任。当事人及其法定代理人有权要求其回避。

第三十二条　公安机关负责人、侦查人员自行提出回避申请的，应当说明回避的理由；口头提出申请的，公安机关应当记录在案。

当事人及其法定代理人要求公安机关负责人、侦查人员回避，应当提出申请，并说明理由；口头提出申请的，公安机关应当记录在案。

第三十三条　侦查人员的回避，由县级以上公安机关负责人决定；县级以上公安机关负责人的回避，由同级人民检察院检察委员会决定。

第三十四条　当事人及其法定代理人对侦查人员提出回避申请的，公安机关应当在收到回避申请后二日以内作出决定并通知申请人；情况复杂的，经县级以上公安机关负责人批准，可以在收到回避申请后五日以内作出决定。

第三十五条　当事人及其法定代理人对驳回申请回避的决定不服的，可以在收到驳回申请回避决定书后五日以内向作出决定的公安机关申请复议。

公安机关应当在收到复议申请后五日以内作出复议决定并书面通知申请人。

第三十六条　在作出回避决定前，申请或者被申请回避的公安机关负责人、侦查人员不得停止对案件的侦查。

作出回避决定后，申请或者被申请回避的公安机关负责人、侦查人员不得再参与本案的侦查工作。

第三十七条　被决定回避的公安机关负责人、侦查人员在回避决定作出以前所进行的诉讼活动是否有效，由作出决定的机关根据案件情况决定。

第三十八条 本章关于回避的规定适用于记录人、翻译人员和鉴定人。

记录人、翻译人员和鉴定人需要回避的，由县级以上公安机关负责人决定。

第三十九条 辩护人、诉讼代理人可以依照本章的规定要求回避、申请复议。

第四章 律师参与刑事诉讼

第四十条 公安机关应当保障辩护律师在侦查阶段依法从事下列执业活动：

（一）向公安机关了解犯罪嫌疑人涉嫌的罪名和案件有关情况，提出意见；

（二）与犯罪嫌疑人会见和通信，向犯罪嫌疑人了解案件有关情况；

（三）为犯罪嫌疑人提供法律帮助、代理申诉、控告；

（四）为犯罪嫌疑人申请变更强制措施。

第四十一条 公安机关在第一次讯问犯罪嫌疑人或者对犯罪嫌疑人采取强制措施的时候，应当告知犯罪嫌疑人有权委托律师作为辩护人，并告知其如果因经济困难或者其他原因没有委托辩护律师的，可以向法律援助机构申请法律援助。告知的情形应当记录在案。

对于同案的犯罪嫌疑人委托同一名辩护律师的，或者两名以上未同案处理但实施的犯罪存在关联的犯罪嫌疑人委托同一名辩护律师的，公安机关应当要求其更换辩护律师。

第四十二条 犯罪嫌疑人可以自己委托辩护律师。犯罪嫌疑人在押的，也可以由其监护人、近亲属代为委托辩护律师。

犯罪嫌疑人委托辩护律师的请求可以书面提出，也可以口头提出。口头提出的，公安机关应当制作笔录，由犯罪嫌疑人签名、捺指印。

第四十三条 在押的犯罪嫌疑人向看守所提出委托辩护律师要求的，看守所应当及时将其请求转达给办案部门，办案部门应当及时向犯罪嫌疑人委托的辩护律师或者律师事务所转达该项请求。

在押的犯罪嫌疑人仅提出委托辩护律师的要求，但提不出具体对象的，办案部门应当及时通知犯罪嫌疑人的监护人、近亲属代为委托辩护律师。犯罪嫌疑人无监护人或者近亲属的，办案部门应当及时通知当地律师协会或者司法行政机关为其推荐辩护律师。

第四十四条 符合下列情形之一，犯罪嫌疑人没有委托辩护人的，公安机关应当及时通知法律援助机构为犯罪嫌疑人指派辩护律师：

（一）犯罪嫌疑人是盲、聋、哑人，或者是尚未完全丧失辨认或者控制自己行为能力的精神病人；

（二）犯罪嫌疑人可能被判处无期徒刑、死刑。

第四十五条 公安机关收到在押的犯罪嫌疑人提出的法律援助申请后，应当在二十四小时以内将其申请转交所在地的法律援助机构，并通知申请人的监护人、近亲属或者其委托的其他人员协助提供有关证件、证明等相关材料。犯罪嫌疑人的监护人、近亲属或者其委托的其他人员地址不详无法通知的，应当在转交申请时一并告知法律援助机构。

犯罪嫌疑人拒绝法律援助机构指派的律师作为辩护人或者自行委托辩护人的，公安机关应当在三日以内通知法律援助机构。

第四十六条 辩护律师接受犯罪嫌疑人委托或者法律援助机构的指派后，应当及时告知公安机关并出示律师执业证书、律师事务所证明和委托书或者法律援助公函。

第四十七条 辩护律师向公安机关了解案件有关情况的，公安机关应当依法将犯罪嫌疑人涉嫌的罪名以及当时已查明的该罪的主要事实，犯罪嫌疑人被采取、变更、解除强制措施，延长侦查羁押期限等案件有关情况，告知接受委托或者指派的辩护律师，并记录在案。

第四十八条 辩护律师可以同在押或者被监视居住的犯罪嫌疑人会见、通信。

第四十九条 对危害国家安全犯罪案件、恐怖活动犯罪案件，办案部门应当在将犯罪嫌疑人送看守所羁押时书面通知看守所；犯罪嫌疑人被监视居住的，应当在送交执行时书面通知执行机关。

辩护律师在侦查期间要求会见前款规定案件的在押或者被监视居住的犯罪嫌疑人，应当提出申请。

对辩护律师提出的会见申请，应当在收到申请后四十八小时以内，报经县级以上公安机关负责人批准，作出许可或者不许可的决定。除有碍侦查或者可能泄露国家秘密的情形外，应当作出许可的决定。

公安机关不许可会见的，应当书面通知辩护律师，并说明理由。有碍侦查或者可能泄露国家秘密的情形消失后，公安机关应当许可会见。

有下列情形之一的，属于本条规定的“有碍侦查”：

（一）可能毁灭、伪造证据，干扰证人作证或者串供的；

（二）可能引起犯罪嫌疑人自残、自杀或者逃跑的；

（三）可能引起同案犯逃避、妨碍侦查的；

（四）犯罪嫌疑人的家属与犯罪有牵连的。

第五十条 辩护律师要求会见在押的犯罪嫌疑人，看守所应当在查验其律师执业证书、律师事务所证明和委托书或者法律援助公函后，在四十八小时以内安排律师会见到犯罪嫌疑人，同时通知办案部门。

侦查期间，辩护律师会见危害国家安全犯罪案件、恐怖活动犯罪案件、特别重大贿赂犯罪案件在押或者被监视居住的犯罪嫌疑人时，看守所或者监视居住执行机关还应当查验侦查机关的许可决定文书。

第五十一条 辩护律师会见在押或者被监视居住的犯罪嫌疑人需要聘请翻译人员的，应当经公安机关审查。对于符合相关规定的，应当许可；对于不符合规定的，及时通知其更换。

翻译人员参与会见的，看守所或者监视居住执行机关应当查验公安机关的许可决定文书。

第五十二条 辩护律师会见在押或者被监视居住的犯罪嫌疑人时，看守所或者监视居住执行机关应当采取必要的管理措施，保障会见顺利进行，并告知其遵守会见的有关规定。辩护律师会见犯罪嫌疑人时，公安机关不得监听，不得派员在场。

辩护律师会见在押或者被监视居住的犯罪嫌疑人时，违反法律规定或者会见的规定的，看守所或者监视居住执行机关应当制止。对于严重违反规定或者不听劝阻的，可以决定停止本次会见，并及时通报其所在的律师事务所或者所属的律师协会。

第五十三条 辩护人或者其他任何人在刑事诉讼中，违反法律规定，实施干扰诉讼活动行为的，应当依法追究法律责任。

辩护人实施干扰诉讼活动行为，涉嫌犯罪，属于公安机关管辖的，应当由办理辩护人所承办案件的公安机关报请上一级公安机关指定其他公安机关立案侦查，或者由上一级公安机关立案侦查。不得指定原承办案件公安机关的下级公安机关立案侦查。辩护人是律师的，立案侦查的公安机关应当及时通知其所在的律师事务所或者所属的律师协会。

第五十四条 辩护律师对在执业活动中知悉的委托人的有关情况和信息，有权予以保密。但是，辩护律师在执业活动中知悉委托人或者其他人，准备或者正在实施危害国家安全、公共安全以及严重危害他人人身安全的犯罪的，应当及时告知司法机关。

第五十五条 案件侦查终结前，辩护律师提出要求的，公安机关应当听取辩护律师的意见，根据情况进行核实，并记录在案。辩护律师提出书面意见的，应当附卷。

对辩护律师收集的犯罪嫌疑人不在犯罪现场、未达到刑事责任年龄、属于依法不负刑事责任的精神病人的证据，公安机关应当进行核实并将有关情况记录在案，有关证据应当附卷。

第五章 证 据

第五十六条 可以用于证明案件事实的材料，都是证据。

证据包括：

（一）物证；

（二）书证；

（三）证人证言；

（四）被害人陈述；

（五）犯罪嫌疑人供述和辩解；

（六）鉴定意见；

（七）勘验、检查、侦查实验、搜查、查封、扣押、提取、辨认等笔录；

（八）视听资料、电子数据。

证据必须经过查证属实，才能作为认定案件事实的根据。

第五十七条 公安机关必须依照法定程序，收集能够证实犯罪嫌疑人有罪或者无罪、犯罪情节轻重的各种证据。必须保证一切与案件有关或者了解案情的公民，有客观地充分地提供证据的条件，除特殊情况外，可以吸收他们协助调查。

第五十八条 公安机关向有关单位和个人收集、调取证据时，应当告知其必须如实提供证据。

对涉及国家秘密、商业秘密、个人隐私的证据，应当保密。

对于伪造证据、隐匿证据或者毁灭证据的，应当追究其法律责任。

第五十九条 公安机关向有关单位和个人调取证据，应当经办案部门负责人批准，开具调取证据通知书。被调取单位、个人应当在通知书上盖章或者签名，拒绝盖章或者签名的，公安机关应当注明。必要时，应当采用录音或者录像等方式固定证据内容及取证过程。

第六十条 公安机关接受或者依法调取的行政机关在行政执法和查办案件过程中收集的物证、书证、视听资料、电子数据、检验报告、鉴定意见、勘验笔录、检查笔录等证据材料，可以作为证据使用。

第六十一条 收集、调取的物证应当是原物。只有在原物不便搬运、不易保存或者依法应当由有关部门保管、处理或者依法应当返还时，才可以拍摄或者制作足以反映原物外形或者内容的照片、录像或者复制品。

物证的照片、录像或者复制品经与原物核实无误或者经鉴定证明为真实的，或者以其他方式确能证明其真实的，可以作为证据使用。原物的照片、录像或者复制品，不能反映原物的外形和特征的，不能作为证据使用。

第六十二条 收集、调取的书证应当是原件。只有在取得原件确有困难时，才可以使用副本或者复制件。

书证的副本、复制件，经与原件核实无误或者经鉴定证明为真实的，或者以其他方式确能证明其真实的，可以作为证据使用。书证有更改或者更改迹象不能作出合理解释的，或者书证的副本、复制件不能反映书证原件及其内容的，不能作为证据使用。

第六十三条 物证的照片、录像或者复制品，书证的副本、复制件，视听资料、电子数据的复制件，应当附有关制作过程及原件、原物存放处的文字说明，并由制作人和物品持有人或者物品持有单位有关人员签名。

第六十四条 公安机关提请批准逮捕书、起诉意见书必须忠实于事实真象。故意隐瞒事实真象的，应当依法追究责任。

第六十五条 需要查明的案件事实包括：

（一）犯罪行为是否存在；

（二）实施犯罪行为的时间、地点、手段、后果以及其他情节；

（三）犯罪行为是否为犯罪嫌疑人实施；

（四）犯罪嫌疑人的身份；

（五）犯罪嫌疑人实施犯罪行为的动机、目的；

（六）犯罪嫌疑人的责任以及与其他同案人的关系；

（七）犯罪嫌疑人有无法定从重、从轻、减轻处罚以及免除处罚的情节；

（八）其他与案件有关的事实。

第六十六条 公安机关移送审查起诉的案件，应当做到犯罪事实清楚，证据确实、充分。

证据确实、充分，应当符合以下条件：

（一）认定的案件事实都有证据证明；

（二）认定案件事实的证据均经法定程序查证属实；

（三）综合全案证据，对所认定事实已排除合理怀疑。

对证据的审查，应当结合案件的具体情况，从各证据与待证事实的关联程度、各证据之间的联系等方面进行审查判断。

只有犯罪嫌疑人供述，没有其他证据的，不能认定案件事实；没有犯罪嫌疑人供述，证据确实、充分的，可以认定案件事实。

第六十七条 采用刑讯逼供等非法方法收集的犯罪嫌疑人供述和采用暴力、威胁等非法方法收集的证人证言、被害人陈述，应当予以排除。

收集物证、书证违反法定程序，可能严重影响司法公正的，应当予以补正或者作出合理解释；不能补正或者作出合理解释的，对该证据应当予以排除。

在侦查阶段发现有应当排除的证据的，经县级以上公安机关负责人批准，应当依法予以排除，不得作为提请批准逮捕、移送审查起诉的依据。

人民检察院认为可能存在以非法方法收集证据情形，要求公安机关进行说明的，公安机关应当及时进行调查，并向人民检察院作出书面说明。

第六十八条 人民法院认为现有证据材料不能证明证据收集的合法性，通知有关侦查人员或者其他人员出庭说明情况的，有关侦查人员或者其他人员应当出庭。必要时，有关侦查人员或者其他人员也可以要求出庭说明情况。

经人民法院通知，人民警察应当就其执行职务时目击的犯罪情况出庭作证。

第六十九条 凡是知道案件情况的人，都有作证的义务。

生理上、精神上有缺陷或者年幼，不能辨别是非，不能正确表达的人，不能作证人。

对于证人能否辨别是非，能否正确表达，必要时可以进行审查或者鉴别。

第七十条 公安机关应当保障证人及其近亲属的安全。

对证人及其近亲属进行威胁、侮辱、殴打或者打击报复，构成犯罪的，依法追究刑事责任；尚不够刑事处罚的，依法给予治安管理处罚。

第七十一条 对危害国家安全犯罪、恐怖活动犯罪、黑社会性质的组织犯罪、毒品犯罪等案件，证人、鉴定人、被害人因在侦查过程中作证，本人或者其近亲属的人身安全面临危险的，公安机关应当采取以下一项或者多项保护措施：

（一）不公开真实姓名、住址和工作单位等个人信息；

（二）禁止特定的人员接触证人、鉴定人、被害人及其近亲属；

（三）对人身和住宅采取专门性保护措施；

（四）其他必要的保护措施。

证人、鉴定人、被害人认为因在侦查过程中作证，本人或者其近亲属的人身安全面临危险，向公安机关请求予以保护，公安机关经审查认为符合前款规定的条件，确有必要采取保护措施的，应当采取上述一项或者多项保护措施。

公安机关依法采取保护措施，可以要求有关单位和个人配合。

案件移送审查起诉时，应当将采取保护措施的相关情况一并移交人民检察院。

第七十二条 公安机关依法决定不公开证人、鉴定人、被害人的真实姓名、住址和工作单位等个人信息的，可以在起诉意见书、询问笔录等法律文书、证据材料中使用化名等代替证人、鉴定人、被害人的个人信息。但是，应当另行书面说明使用化名的情况并标明密级，单独成卷。

第七十三条 证人保护工作所必需的人员、经费、装备等，应当予以保障。

证人因履行作证义务而支出的交通、住宿、就餐等费用，应当给予补助。证人作证的补助列入公安机关业务经费。

第六章 强制措施

第一节 拘 传

第七十四条 公安机关根据案件情况对需要拘传的犯罪嫌疑人，或者经过传唤没有正当理由不到案的犯罪嫌疑人，可以拘传到其所在市、县内的指定地点进行讯问。

需要拘传的，应当填写呈请拘传报告书，并附有关材料，报县级以上公安机关负责人批准。

第七十五条 公安机关拘传犯罪嫌疑人应当出示拘传证，并责令其在拘传证上签名、捺指印。

犯罪嫌疑人到案后，应当责令其在拘传证上填写到案时间；拘传结束后，应当由其在拘传证上填写拘传结束时间。犯罪嫌疑人拒绝填写的，侦查人员应当在拘传证上注明。

第七十六条 拘传持续的时间不得超过十二小时；案情特别重大、复杂，需要采取拘留、逮捕措施的，经县级以上公安机关负责人批准，拘传持续的时间不得超过二十四小时。不得以连续拘传的形式变相拘禁犯罪嫌疑人。

拘传期限届满，未作出采取其他强制措施决定的，应当立即结束拘传。

第二节 取保候审

第七十七条 公安机关对具有下列情形之一的犯罪嫌疑人，可以取保候审：

（一）可能判处管制、拘役或者独立适用附加刑的；

（二）可能判处有期徒刑以上刑罚，采取取保候审不致发生社会危险性的；

（三）患有严重疾病、生活不能自理，怀孕或者正在哺乳自己婴儿的妇女，采取取保候审不致发生社会危险性的；

（四）羁押期限届满，案件尚未办结，需要继续侦查的。

对拘留的犯罪嫌疑人，证据不符合逮捕条件，以及提请逮捕后，人民检察院不批准逮捕，需要继续侦查，并且符合取保候审条件的，可以依法取保候审。

第七十八条 对累犯，犯罪集团的主犯，以自伤、自残办法逃避侦查的犯罪嫌疑人，严重暴力犯罪以及其他严重犯罪的犯罪嫌疑人不得取保候审，但犯罪嫌疑人具有本规定第七十七条第一款第三项、第四项规定情形的除外。

第七十九条 需要对犯罪嫌疑人取保候审的，应当制作呈请取保候审报告书，说明取保候审的理由、采取的保证方式以及应当遵守的规定，经县级以上公安机关负责人批准，制作取保候审决定书。取保候审决定书应当向犯罪嫌疑人宣读，由犯罪嫌疑人签名、捺指印。

第八十条 公安机关决定对犯罪嫌疑人取保候审的，应当责令犯罪嫌疑人提出保证人或者交纳保证金。

对同一犯罪嫌疑人，不得同时责令其提出保证人和交纳保证金。

第八十一条 采取保证人保证的，保证人必须符合以下条件，并经公安机关审查同意：

（一）与本案无牵连；

（二）有能力履行保证义务；

（三）享有政治权利，人身自由未受到限制；

（四）有固定的住处和收入。

第八十二条 保证人应当履行以下义务：

（一）监督被保证人遵守本规定第八十五条、第八十六条的规定；

（二）发现被保证人可能发生或者已经发生违反本规定第八十五条、第八十六条规定的行为的，应当及时向执行机关报告。

保证人应当填写保证书，并在保证书上签名、捺指印。

第八十三条 犯罪嫌疑人的保证金起点数额为人民币一千元。具体数额应当综合考虑保证诉讼活动正常进行的需要、犯罪嫌疑人的社会危险性、案件的性质、情节、可能判处刑罚的轻重以及犯罪嫌疑人的经济状况等情况确定。

第八十四条 县级以上公安机关应当在其指定的银行设立取保候审保证金专门账户，委托银行代为收取和保管保证金。

提供保证金的人，应当一次性将保证金存入取保候审保证金专门账户。保证金应当以人民币交纳。

保证金应当由办案部门以外的部门管理。严禁截留、坐支、挪用或者以其他任何形式侵吞保证金。

第八十五条 公安机关在宣布取保候审决定时，应当告知被取保候审人遵守以下规定：

（一）未经执行机关批准不得离开所居住的市、县；

（二）住址、工作单位和联系方式发生变动的，在二十四小时以内向执行机关报告；

（三）在传讯的时候及时到案；

（四）不得以任何形式干扰证人作证；

（五）不得毁灭、伪造证据或者串供。

第八十六条 公安机关在决定取保候审时，还可以根据案件情况，责令被取保候审人遵守以下一项或者多项规定：

（一）不得进入与其犯罪活动等相关联的特定场所；

（二）不得与证人、被害人及其近亲属、同案犯以及与案件有关联的其他特定人员会见或者以任何方式通信；

（三）不得从事与其犯罪行为等相关联的特定活动；

（四）将护照等出入境证件、驾驶证件交执行机关保存。

公安机关应当综合考虑案件的性质、情节、社会影响、犯罪嫌疑人的社会关系等因素，确定特定场所、特定人员和特定活动的范围。

第八十七条 公安机关决定取保候审的，应当及时通知被取保候审人居住地的派出所执行。必要时，办案部门可以协助执行。

采取保证人担保形式的，应当同时送交有关法律文书、被取保候审人基本情况、保证人基本情况等材料。采取保证金担保形式的，应当同时送交有关法律文书、被取保候审人基本情况和保证金交纳情况等材料。

第八十八条 人民法院、人民检察院决定取保候审的，负责执行的县级公安机关应当在收到法律文书和有关材料后二十四小时以内，指定被取保候审人居住地派出所核实情况后执行。

第八十九条 执行取保候审的派出所应当履行下列职责：

（一）告知被取保候审人必须遵守的规定，及其违反规定或者在取保候审期间重新犯罪应当承担的法律后果；

（二）监督、考察被取保候审人遵守有关规定，及时掌握其活动、住址、工作单位、联系方式及变动情况；

（三）监督保证人履行保证义务；

（四）被取保候审人违反应当遵守的规定以及保证人未履行保证义务的，应当及时制止、采取紧急措施，同时告知决定机关。

第九十条 执行取保候审的派出所可以责令被取保候审人定期报告有关情况并制作笔录。

第九十一条 被取保候审人无正当理由不得离开所居住的市、县。有正当理由需要离开所居住的市、县的，应当经负责执行的派出所负责人批准。

人民法院、人民检察院决定取保候审的，负责执行的派出所在批准被取保候审人离开所居住的市、县前，应当征得决定机关同意。

第九十二条 被取保候审人在取保候审期间违反本规定第八十五条、第八十六条规定，已交纳保证金的，公安机关应当根据其违反规定的情节，决定没收部分或者全部保证金，并且区别情形，责令其具结悔过、重新交纳保证金、提出保证人，变更强制措施或者给予治安管理处罚；需要予以逮捕的，可以对其先行拘留。

人民法院、人民检察院决定取保候审的，被取保候审人违反应当遵守的规定，执行取保候审的县级公安机关应当及时告知决定机关。

第九十三条 需要没收保证金的，应当经过严格审核后，报县级以上公安机关负责人批准，制作没收保证金决定书。

决定没收五万元以上保证金的，应当经设区的市一级以上公安机关负责人批准。

第九十四条 没收保证金的决定，公安机关应当在三日以内向被取保候审人宣读，并责令其在没收保证金决定书上签名、捺指印；被取保候审人在逃或者具有其他情形不能到场的，应当向其成年家属、法定代理人、辩护人或者单位、居住地的居民委员会、村民委员会宣布，由其成年家属、法定代理人、辩护人或者单位、居住地的居民委员会或者村民委员会的负责人在没收保证金决定书上签名。

被取保候审人或者其成年家属、法定代理人、辩护人、单位、居民委员会、村民委员会负责人拒绝签名的，公安机关应当在没收保证金决定书上注明。

第九十五条 公安机关在宣读没收保证金决定书时，应当告知如果对没收保证金的决定不服，被取保候审人或者其法定代理人可以在五日以内向作出决定的公安机关申请复议。公安机关应当在收到复议申请后七日以内作出决定。

被取保候审人或者其法定代理人对复议决定不服的，可以在收到复议决定书后五日以内向上一级公安机关申请复核一次。上一级公安机关应当在收到复核申请后七日以内作出决定。对上级公安机关撤销或者变更没收保证金决定的，下级公安机关应当执行。

第九十六条 没收保证金的决定已过复议期限，或者经上级公安机关复核后维持原决定的，公安机关应当及时通知指定的银行将没收的保证金按照国家的有关规定上缴国库，并在三日以内通知决定取保候审的机关。

第九十七条 被取保候审人在取保候审期间，没有违反本规定第八十五条、第八十六条有关规定，也没有重新故意犯罪的，或者具有本规定第一百八十三条规定的情形之一的，在解除取保候审、变更强制措施的同时，公安机关应当制作退还保证金决定书，通知银行如数退还保证金。

被取保候审人或者其法定代理人可以凭退还保证金决定书到银行领取退还的保证金。

第九十八条 被取保候审人没有违反本规定第八十五条、第八十六条规定，但在取保候审期间涉嫌重新故意犯罪被立案侦查的，负责执行的公安机关应当暂扣其交纳的保证金，待人民法院判决生效后，根据有关判决作出处理。

第九十九条 被保证人违反应当遵守的规定，保证人未履行保证义务的，查证属实后，经县级以上公安机关负责人批准，对保证人处一千元以上二万元以下罚款；构成犯罪的，依法追究刑事责任。

第一百条 决定对保证人罚款的，应当报经县级以上公安机关负责人批准，制作对保证人罚款决定书，在三日以内向保证人宣布，告知其如果对罚款决定不服，可以在五日以内向作出决定的公安机关申请复议。公安机关应当在收到复议申请后七日以内作出决定。

保证人对复议决定不服的，可以在收到复议决定书后五日以内向上一级公安机关申请复核一次。上一级公安机关应当在收到复核申请后七日以内作出决定。对上级公安机关撤销或者变更罚款决定的，下级公安机关应当执行。

第一百零一条 对于保证人罚款的决定已过复议期限，或者经上级公安机关复核后维持原决定的，公安机关应当及时通知指定的银行将保证人罚款按照国家的有关规定上缴国库，并在三日以内通知决定取保候审的机关。

第一百零二条 对于犯罪嫌疑人采取保证人保证的，如果保证人在取保候审期间情况发生变化，不愿继续担保或者丧失担保条件，应当责令被取保候审人重新提出保证人或者交纳保证金，或者作出变更强制措施的决定。

负责执行的公安机关应当自发现保证人不愿继续担保或者丧失担保条件之日起三日以内通知决定取保候审的机关。

第一百零三条 公安机关在取保候审期间不得中断对案件的侦查，对取保候审的犯罪嫌疑人，根据案情变化，应当及时变更强制措施或者解除取保候审。

取保候审最长不得超过十二个月。

第一百零四条 需要解除取保候审的，由决定取保候审的机关制作解除取保候审决定书、通知书，送达负责执行的公安机关。负责执行的公安机关应当根据决定书及时解除取保候审，并通知被取保候审人、保证人和有关单位。

第三节 监视居住

第一百零五条 公安机关对符合逮捕条件，有下列情形之一的犯罪嫌疑人，可以监视居住：

（一）患有严重疾病、生活不能自理的；

（二）怀孕或者正在哺乳自己婴儿的妇女；

（三）系生活不能自理的人的唯一扶养人；

（四）因案件的特殊情况或者办理案件的需要，采取监视居住措施更为适宜的；

（五）羁押期限届满，案件尚未办结，需要采取监视居住措施的。

对人民检察院决定不批准逮捕的犯罪嫌疑人，需要继续侦查，并且符合监视居住条件的，可以监视居住。

对于符合取保候审条件，但犯罪嫌疑人不能提出保证人，也不交纳保证金的，可以监视居住。

对于被取保候审人违反本规定第八十五条、第八十六条规定的，可以监视居住。

第一百零六条 对犯罪嫌疑人监视居住，应当制作呈请监视居住报告书，说明监视居住的理由、采取监视居住的方式以及应当遵守的规定，经县级以上公安机关负责人批准，制作监视居住决定书。监视居住决定书应当向犯罪嫌疑人宣读，由犯罪嫌疑人签名、捺指印。

第一百零七条 监视居住应当在犯罪嫌疑人、被告人住处执行；无固定住处的，可以在指定的居所执行。对于涉嫌危害国家安全犯罪、恐怖活动犯罪，在住处执行可能有碍侦查的，经上一级公安机关批准，也可以在指定的居所执行。

有下列情形之一的，属于本条规定的“有碍侦查”：

（一）可能毁灭、伪造证据，干扰证人作证或者串供的；

（二）可能引起犯罪嫌疑人自残、自杀或者逃跑的；

（三）可能引起同案犯逃避、妨碍侦查的；

（四）犯罪嫌疑人、被告人在住处执行监视居住有人身危险的；

（五）犯罪嫌疑人、被告人的家属或者所在单位人员与犯罪有牵连的。

指定居所监视居住的，不得要求被监视居住人支付费用。

第一百零八条 固定住处，是指被监视居住人在办案机关所在的市、县内生活的合法住处；指定的居所，是指公安机关根据案件情况，在办案机关所在的市、县内为被监视居住人指定的生活居所。

指定的居所应当符合下列条件：

（一）具备正常的生活、休息条件；

（二）便于监视、管理；

（三）保证安全。

公安机关不得在羁押场所、专门的办案场所或者办公场所执行监视居住。

第一百零九条 指定居所监视居住的，除无法通知的以外，应当制作监视居住通知书，在执行监视居住后二十四小时以内，由决定机关通知被监视居住人的家属。

有下列情形之一的，属于本条规定的“无法通知”：

（一）不讲真实姓名、住址、身份不明的；

（二）没有家属的；

（三）提供的家属联系方式无法取得联系的；

（四）因自然灾害等不可抗力导致无法通知的。

无法通知的情形消失以后，应当立即通知被监视居住人的家属。

无法通知家属的，应当在监视居住通知书中注明原因。

第一百一十条 被监视居住人委托辩护律师，适用本规定第四十一条、第四十二条、第四十三条规定。

第一百一十一条 公安机关在宣布监视居住决定时，应当告知被监视居住人必须遵守以下规定：

（一）未经执行机关批准不得离开执行监视居住的处所；

（二）未经执行机关批准不得会见他人或者以任何方式通信；

（三）在传讯的时候及时到案；

（四）不得以任何形式干扰证人作证；

（五）不得毁灭、伪造证据或者串供；

（六）将护照等出入境证件、身份证件、驾驶证件交执行机关保存。

第一百一十二条 公安机关对被监视居住人，可以采取电子监控、不定期检查等监视方法对其遵守监视居住规定的情况进行监督；在侦查期间，可以对被监视居住的犯罪嫌疑人的电话、传真、信函、邮件、网络等通信进行监控。

第一百一十三条 公安机关决定监视居住的，由被监视居住人住处或者指定居所所在地的派出所执行，办案部门可以协助执行。必要时，也可以由办案部门负责执行，派出所或者其他部门协助执行。

第一百一十四条 人民法院、人民检察院决定监视居住的，负责执行的县级公安机关应当在收到法律文书和有关材料后二十四小时以内，通知被监视居住人住处或者指定居所所在地的派出所，核实被监视居住人身份、住处或者居所等情况后执行。必要时，可以由人民法院、人民检察院协助执行。

第一百一十五条 负责执行监视居住的派出所或者办案部门应当严格对被监视居住人进行监督考察，确保安全。

对于人民法院、人民检察院决定监视居住的，应当及时将监视居住的执行情况报告决定机关。

第一百一十六条 被监视居住人有正当理由要求离开住处或者指定的居所以及要求会见他人或者通信的，应当经负责执行的派出所或者办案部门负责人批准。

人民法院、人民检察院决定监视居住的，负责执行的派出所在批准被监视居住人离开住处或者指定的居所以及与他人会见或者通信前，应当征得决定机关同意。

第一百一十七条 被监视居住人违反应当遵守的规定，公安机关应当区分情形责令被监视居住人具结悔过或者给予治安管理处罚。情节严重的，可以予以逮捕；需要予以逮捕的，可以对其先行拘留。

人民法院、人民检察院决定监视居住的，被监视居住人违反应当遵守的规定，执行监视居住的县级公安机关应当及时告知决定机关。

第一百一十八条 在监视居住期间，公安机关不得中断案件的侦查，对被监视居住的犯罪嫌疑人，应当根据案情变化，及时解除监视居住或者变更强制措施。

监视居住最长不得超过六个月。

第一百一十九条 公安机关决定解除监视居住，应当经县级以上公安机关负责人批准，制作解除监视居住决定书，并及时通知执行的派出所或者办案部门、被监视居住人和有关单位。

人民法院、人民检察院作出解除、变更监视居住决定的，公安机关应当及时解除并通知被监视居住人和有关单位。

第四节 拘 留

第一百二十条 公安机关对于现行犯或者重大嫌疑分子，有下列情形之一的，可以先行拘留：

（一）正在预备犯罪、实行犯罪或者在犯罪后即时被发觉的；

（二）被害人或者在场亲眼看见的人指认他犯罪的；

（三）在身边或者住处发现有犯罪证据的；

（四）犯罪后企图自杀、逃跑或者在逃的；

（五）有毁灭、伪造证据或者串供可能的；

（六）不讲真实姓名、住址，身份不明的；

（七）有流窜作案、多次作案、结伙作案重大嫌疑的。

第一百二十一条 拘留犯罪嫌疑人，应当填写呈请拘留报告书，经县级以上公安机关负责人批准，制作拘留证。执行拘留时，必须出示拘留证，并责令被拘留人在拘留证上签名、捺指印，拒绝签名、捺指印的，侦查人员应当注明。

紧急情况下，对于符合本规定第一百二十条所列情形之一的，应当将犯罪嫌疑人带至公安机关后立即审查，办理法律手续。

第一百二十二条 拘留后，应当立即将被拘留人送看守所羁押，至迟不得超过二十四小时。

异地执行拘留的，应当在到达管辖地后二十四小时以内将犯罪嫌疑人送看守所羁押。

第一百二十三条 除无法通知或者涉嫌危害国家安全犯罪、恐怖活动犯罪通知可能有碍侦查的情形以外，应当在拘留后二十四小时以内制作拘留通知书，通知被拘留人的家属。拘留通知书应当写明拘留原因和羁押处所。

本条规定的“无法通知”的情形适用本规定第一百零九条第二款的规定。

有下列情形之一的，属于本条规定的“有碍侦查”：

（一）可能毁灭、伪造证据，干扰证人作证或者串供的；

（二）可能引起同案犯逃避、妨碍侦查的；

（三）犯罪嫌疑人的家属与犯罪有牵连的。

无法通知、有碍侦查的情形消失以后，应当立即通知被拘留人的家属。

对于没有在二十四小时以内通知家属的，应当在拘留通知书中注明原因。

第一百二十四条 对被拘留的人，应当在拘留后二十四小时以内进行讯问。发现不应当拘留的，应当经县级以上公安机关负责人批准，制作释放通知书，看守所凭释放通知书发给被拘留人释放证明书，将其立即释放。

第一百二十五条 对被拘留的犯罪嫌疑人，经过审查认为需要逮捕的，应当在拘留后的三日以内，提请人民检察院审查批准。在特殊情况下，经县级以上公安机关负责人批准，提请审查批准逮捕的时间可以延长一日至四日。

对流窜作案、多次作案、结伙作案的重大嫌疑分子，经县级以上公安机关负责人批准，提请审查批准逮捕的时间可以延长至三十日。

本条规定的“流窜作案”，是指跨市、县管辖范围连续作案，或者在居住地作案后逃跑到外市、县继续作案；“多次作案”，是指三次以上作案；“结伙作案”，是指二人以上共同作案。

第一百二十六条 犯罪嫌疑人不讲真实姓名、住址，身份不明的，应当对其身份进行调查。经县级以上公安机关负责人批准，拘留期限自查清其身份之日起计算，但不得停止对其犯罪行为的侦查取证。

对符合逮捕条件的犯罪嫌疑人，也可以按其自报的姓名提请批准逮捕。

第一百二十七条 对被拘留的犯罪嫌疑人审查后，根据案件情况报经县级以上公安机关负责人批准，分别作出如下处理：

（一）需要逮捕的，在拘留期限内，依法办理提请批准逮捕手续；

（二）应当追究刑事责任，但不需要逮捕的，依法直接向人民检察院移送审查起诉，或者依法办理取保候审或者监视居住手续后，向人民检察院移送审查起诉；

（三）拘留期限届满，案件尚未办结，需要继续侦查的，依法办理取保候审或者监视居住手续；

（四）具有本规定第一百八十三条规定情形之一的，释放被拘留人，发给释放证明书；需要行政处理的，依法予以处理或者移送有关部门。

第一百二十八条 人民检察院决定拘留犯罪嫌疑人的，由县级以上公安机关凭人民检察院送达的决定拘留的法律文书制作拘留证并立即执行。必要时，可以请人民检察院协助。拘留后，应当及时通知人民检察院。

公安机关未能抓获犯罪嫌疑人的，应当将执行情况和未能抓获犯罪嫌疑人的原因通知作出拘留决定的人民检察院。对于犯罪嫌疑人在逃的，在人民检察院撤销拘留决定之前，公安机关应当组织力量继续执行。

第五节 逮 捕

第一百二十九条 对有证据证明有犯罪事实，可能判处徒刑以上刑罚的犯罪嫌疑人，采取取保候审尚不足以防止发生下列社会危险性的，应当提请批准逮捕：

（一）可能实施新的犯罪的；

（二）有危害国家安全、公共安全或者社会秩序的现实危险的；

（三）可能毁灭、伪造证据，干扰证人作证或者串供的；

（四）可能对被害人、举报人、控告人实施打击报复的；

（五）企图自杀或者逃跑的。

对于有证据证明有犯罪事实，可能判处十年有期徒刑以上刑罚的，或者有证据证明有犯罪事实，可能判处徒刑以上刑罚，曾经故意犯罪或者身份不明的，应当提请批准逮捕。

公安机关在根据第一款的规定提请人民检察院审查批准逮捕时，应当对犯罪嫌疑人具有社会危险性说明理由。

第一百三十条 有证据证明有犯罪事实，是指同时具备下列情形：

（一）有证据证明发生了犯罪事实；

（二）有证据证明该犯罪事实是犯罪嫌疑人实施的；

（三）证明犯罪嫌疑人实施犯罪行为的证据已有查证属实的。

前款规定的“犯罪事实”既可以是单一犯罪行为的事实，也可以是数个犯罪行为中任何一个犯罪行为的事实。

第一百三十一条 被取保候审人违反取保候审规定，具有下列情形之一的，可以提请批准逮捕：

（一）涉嫌故意实施新的犯罪行为的；

（二）有危害国家安全、公共安全或者社会秩序的现实危险的；

（三）实施毁灭、伪造证据或者干扰证人作证、串供行为，足以影响侦查工作正常进行的；

（四）对被害人、举报人、控告人实施打击报复的；

（五）企图自杀、逃跑，逃避侦查的；

（六）未经批准，擅自离开所居住的市、县，情节严重的，或者两次以上未经批准，擅自离开所居住的市、县的；

（七）经传讯无正当理由不到案，情节严重的，或者经两次以上传讯不到案的；

（八）违反规定进入特定场所、从事特定活动或者与特定人员会见、通信两次以上的。

第一百三十二条 被监视居住人违反监视居住规定，具有下列情形之一的，可以提请批准逮捕：

（一）涉嫌故意实施新的犯罪行为的；

（二）实施毁灭、伪造证据或者干扰证人作证、串供行为，足以影响侦查工作正常进行的；

（三）对被害人、举报人、控告人实施打击报复的；

（四）企图自杀、逃跑，逃避侦查的；

（五）未经批准，擅自离开执行监视居住的处所，情节严重的，或者两次以上未经批准，擅自离开执行监视居住的处所的；

（六）未经批准，擅自会见他人或者通信，情节严重的，或者两次以上未经批准，擅自会见他人或者通信的；

（七）经传讯无正当理由不到案，情节严重的，或者经两次以上传讯不到案的。

第一百三十三条 需要提请批准逮捕犯罪嫌疑人的，应当经县级以上公安机关负责人批准，制作提请批准逮捕书，连同案卷材料、证据，一并移送同级人民检察院审查批准。

第一百三十四条 对于人民检察院不批准逮捕并通知补充侦查的，公安机关应当按照人民检察院的补充侦查提纲补充侦查。

公安机关补充侦查完毕，认为符合逮捕条件的，应当重新提请批准逮捕。

第一百三十五条 对于人民检察院不批准逮捕而未说明理由的，公安机关可以要求人民检察院说明理由。

第一百三十六条 对于人民检察院决定不批准逮捕的，公安机关在收到不批准逮捕决定书后，如果犯罪嫌疑人已被拘留的，应当立即释放，发给释放证明书，并将执行回执送达作出不批准逮捕决定的人民检察院。

第一百三十七条 对人民检察院不批准逮捕的决定，认为有错误需要复议的，应当在收到不批准逮捕决定书后五日以内制作要求复议意见书，报经县级以上公安机关负责人批准后，送交同级人民检察院复议。

如果意见不被接受，认为需要复核的，应当在收到人民检察院的复议决定书后五日以内制作提请复核意见书，报经县级以上公安机关负责人批准后，连同人民检察院的复议决定书，一并提请上一级人民检察院复核。

第一百三十八条 接到人民检察院批准逮捕决定书后，应当由县级以上公安机关负责人签发逮捕证，立即执行，并将执行回执送达作出批准逮捕决定的人民检察院。如果未能执行，也应当将回执送达人民检察院，并写明未能执行的原因。

第一百三十九条 执行逮捕时，必须出示逮捕证，并责令被逮捕人在逮捕证上签名、捺指印，拒绝签名、捺指印的，侦查人员应当注明。逮捕后，应当立即将被逮捕人送看守所羁押。

执行逮捕的侦查人员不得少于二人。

第一百四十条 对被逮捕的人，必须在逮捕后的二十四小时以内进行讯问。发现不应当逮捕的，经县级以上公安机关负责人批准，制作释放通知书，送看守所和原批准逮捕的人民检察院。看守所凭释放通知书立即释放被逮捕人，并发给释放证明书。

第一百四十一条 对犯罪嫌疑人执行逮捕后，除无法通知的情形以外，应当在逮捕后二十四小时以内，制作逮捕通知书，通知被逮捕人的家属。逮捕通知书应当写明逮捕原因和羁押处所。

本条规定的“无法通知”的情形适用本规定第一百零九条第二款的规定。

无法通知的情形消除后，应当立即通知被逮捕人的家属。

对于没有在二十四小时以内通知家属的，应当在逮捕通知书中注明原因。

第一百四十二条 人民法院、人民检察院决定逮捕犯罪嫌疑人、被告人的，由县级以上公安机关凭人民法院、人民检察院决定逮捕的法律文书制作逮捕证并立即执行。必要时，可以请人民法院、人民检察院协助执行。执行逮捕后，应当及时通知决定机关。

公安机关未能抓获犯罪嫌疑人、被告人的，应当将执行情况和未能抓获的原因通知决定逮捕的人民检察院、人民法院。对于犯罪嫌疑人、被告人在逃的，在人民检察院、人民法院撤销逮捕决定之前，公安机关应当组织力量继续执行。

第一百四十三条 人民检察院在审查批准逮捕工作中发现公安机关的侦查活动存在违法情况，通知公安机关予以纠正的，公安机关应当调查核实，对于发现的违法情况应当及时纠正，并将纠正情况书面通知人民检察院。

第六节 羁 押

第一百四十四条 对犯罪嫌疑人逮捕后的侦查羁押期限不得超过二个月。案情复杂、期限届满不能侦查终结的案件，应当制作提请批准延长侦查羁押期限意见书，经县级以上公安机关负责人批准后，在期限届满七日前送请同级人民检察院转报上一级人民检察院批准延长一个月。

第一百四十五条 下列案件在本规定第一百四十四条规定的期限届满不能侦查终结的，应当制作提请批准延长侦查羁押期限意见书，经县级以上公安机关负责人批准，在期限届满七日前送请同级人民检察院层报省、自治区、直辖市人民检察院批准，延长二个月：

（一）交通十分不便的边远地区的重大复杂案件；

（二）重大的犯罪集团案件；

（三）流窜作案的重大复杂案件；

（四）犯罪涉及面广，取证困难的重大复杂案件。

第一百四十六条 对犯罪嫌疑人可能判处十年有期徒刑以上刑罚，依照本规定第一百四十五条规定的延长期限届满，仍不能侦查终结的，应当制作提请批准延长侦查羁押期限意见书，经县级以上公安机关负责人批准，在期限届满七日前送请同级人民检察院层报省、自治区、直辖市人民检察院批准，再延长二个月。

第一百四十七条 在侦查期间，发现犯罪嫌疑人另有重要罪行的，应当自发现之日起五日以内报县级以上公安机关负责人批准后，重新计算侦查羁押期限，制作重新计算侦查羁押期限通知书，送达看守所，并报批准逮捕的人民检察院备案。

前款规定的“另有重要罪行”，是指与逮捕时的罪行不同种的重大犯罪以及同种犯罪并将影响罪名认定、量刑档次的重大犯罪。

第一百四十八条 犯罪嫌疑人不讲真实姓名、住址，身份不明的，应当对其身份进行调查。经县级以上公安机关负责人批准，侦查羁押期限自查清其身份之日起计算，但不得停止对其犯罪行为的侦查取证。

对于犯罪事实清楚，证据确实、充分，确实无法查明其身份的，按其自报的姓名移送人民检察院审查起诉。

第一百四十九条 看守所应当凭公安机关签发的拘留证、逮捕证收押被拘留、逮捕的犯罪嫌疑人、被告人。犯罪嫌疑人、被告人被送至看守所羁押时，看守所应当在拘留证、逮捕证上注明犯罪嫌疑人、被告人到达看守所的时间。

查获被通缉、脱逃的犯罪嫌疑人以及执行追捕、押解任务需要临时寄押的，应当持通缉令或者其他有关法律文书并经寄押地县级以上公安机关负责人批准，送看守所寄押。

临时寄押的犯罪嫌疑人出所时，看守所应当出具羁押该犯罪嫌疑人的证明，载明该犯罪嫌疑人基本情况、羁押原因、入所和出所时间。

第一百五十条 看守所收押犯罪嫌疑人、被告人和罪犯，应当进行健康和体表检查，并予以记录。

第一百五十一条 看守所收押犯罪嫌疑人、被告人和罪犯，应当对其人身和携带的物品进行安全检查。发现违禁物品、犯罪证据和可疑物品，应当制作笔录，由被羁押人签名、捺指印后，送办案机关处理。

对女性的人身检查，应当由女工作人员进行。

第一百五十二条

犯罪嫌疑人被送交看守所羁押以后，侦查人员对其进行讯问，应当在看守所讯问室内进行。

第七节 其他规定

第一百五十三条 继续盘问期间发现犯罪嫌疑人需要拘留、逮捕、取保候审或者监视居住的，应当立即办理法律手续。

第一百五十四条 对犯罪嫌疑人执行拘传、拘留、逮捕、押解过程中，应当依法使用约束性警械。遇有暴力性对抗或者暴力犯罪行为，可以依法使用制服性警械或者武器。

第一百五十五条 公安机关发现对犯罪嫌疑人采取强制措施不当的，应当及时撤销或者变更。犯罪嫌疑人在押的，应当及时释放。公安机关释放被逮捕的人或者变更逮捕措施的，应当通知批准逮捕的人民检察院。

第一百五十六条 犯罪嫌疑人被逮捕后，人民检察院经审查认为不需要继续羁押提出检察建议的，公安机关应当予以调查核实，认为不需要继续羁押的，应当予以释放或者变更强制措施；认为需要继续羁押的，应当说明理由。

公安机关应当在十日以内将处理情况通知人民检察院。

第一百五十七条 犯罪嫌疑人及其法定代理人、近亲属或者辩护人有权申请变更强制措施。公安机关应当在收到申请后三日以内作出决定；不同意变更强制措施的，应当告知申请人，并说明理由。

第一百五十八条 公安机关对被采取强制措施法定期限届满的犯罪嫌疑人，应当予以释放，解除取保候审、监视居住或者依法变更强制措施。

犯罪嫌疑人及其法定代理人、近亲属或者辩护人对于公安机关采取强制措施法定期限届满的，有权要求公安机关解除强制措施。公安机关应当进行审查，对于情况属实的，应当立即解除或者变更强制措施。

对于犯罪嫌疑人、被告人羁押期限即将届满的，看守所应当立即通知办案机关。

第一百五十九条 取保候审变更为监视居住的，取保候审、监视居住变更为拘留、逮捕的，对原强制措施不再办理解除法律手续。

第一百六十条 案件在取保候审、监视居住期间移送审查起诉后，人民检察院决定重新取保候审、监视居住或者变更强制措施的，对原强制措施不再办理解除法律手续。

第一百六十一条 公安机关依法对县级以上各级人民代表大会代表拘传、取保候审、监视居住、拘留或者提请批准逮捕的，应当书面报请该代表所属的人民代表大会主席团或者常务委员会许可。

第一百六十二条 公安机关对现行犯拘留的时候，发现其是县级以上人民代表大会代表的，应当立即向其所属的人民代表大会主席团或者常务委员会报告。

公安机关在依法执行拘传、取保候审、监视居住、拘留或者逮捕中，发现被执行人是县级以上人民代表大会代表的，应当暂缓执行，并报告决定或者批准机关。如果在执行后发现被执行人是县级以上人民代表大会代表的，应当立即解除，并报告决定或者批准机关。

第一百六十三条 公安机关依法对乡、民族乡、镇的人民代表大会代表拘传、取保候审、监视居住、拘留或者执行逮捕的，应当在执行后立即报告其所属的人民代表大会。

第一百六十四条 公安机关依法对政治协商委员会委员拘传、取保候审、监视居住的，应当将有关情况通报给该委员所属的政协组织。

第一百六十五条 公安机关依法对政治协商委员会委员执行拘留、逮捕前，应当向该委员所属的政协组织通报情况；情况紧急的，可在执行的同时或者执行以后及时通报。

第七章 立案、撤案

第一节 受 案

第一百六十六条 公安机关对于公民扭送、报案、控告、举报或者犯罪嫌疑人自动投案的，都应当立即接受，问明情况，并制作笔录，经核对无误后，由扭送人、报案人、控告人、举报人、自动投案人签名、捺指印。必要时，应当录音或者录像。

第一百六十七条 公安机关对扭送人、报案人、控告人、举报人、自动投案人提供的有关证据材料等应当登记，制作接受证据材料清单，并由扭送人、报案人、控告人、举报人、自动投案人签名。必要时，应当拍照或者录音、录像，并妥善保管。

第一百六十八条 公安机关接受案件时，应当制作受案登记表，并出具回执。

第一百六十九条 公安机关接受控告、举报的工作人员，应当向控告人、举报人说明诬告应负的法律责任。但是，只要不是捏造事实、伪造证据，即使控告、举报的事实有出入，甚至是错告的，也要和诬告严格加以区别。

第一百七十条 公安机关应当保障扭送人、报案人、控告人、举报人及其近亲属的安全。

扭送人、报案人、控告人、举报人如果不愿意公开自己的身份，应当为其保守秘密，并在材料中注明。

第一百七十一条 对接受的案件，或者发现的犯罪线索，公安机关应当迅速进行审查。

对于在审查中发现案件事实或者线索不明的，必要时，经办案部门负责人批准，可以进行初查。

初查过程中，公安机关可以依照有关法律和规定采取询问、查询、勘验、鉴定和调取证据材料等不限制被调查对象人身、财产权利的措施。

第一百七十二条 经过审查，认为有犯罪事实，但不属于自己管辖的案件，应当立即报经县级以上公安机关负责人批准，制作移送案件通知书，移送有管辖权的机关处理。

对于不属于自己管辖又必须采取紧急措施的，应当先采取紧急措施，然后办理手续，移送主管机关。

第一百七十三条 经过审查，对告诉才处理的案件，公安机关应当告知当事人向人民法院起诉。

对被害人有证据证明的轻微刑事案件，公安机关应当告知被害人可以向人民法院起诉；被害人要求公安机关处理的，公安机关应当依法受理。

人民法院审理自诉案件，依法调取公安机关已经收集的案件材料和有关证据的，公安机关应当及时移交。

第一百七十四条 经过审查，对于不够刑事处罚需要给予行政处理的，依法予以处理或者移送有关部门。

第二节 立 案

第一百七十五条 公安机关接受案件后，经审查，认为有犯罪事实需要追究刑事责任，且属于自己管辖的，经县级以上公安机关负责人批准，予以立案；认为没有犯罪事实，或者犯罪事实显著轻微不需要追究刑事责任，或者具有其他依法不追究刑事责任情形的，经县级以上公安机关负责人批准，不予立案。

对有控告人的案件，决定不予立案的，公安机关应当制作不予立案通知书，并在三日以内送达控告人。

第一百七十六条 控告人对不予立案决定不服的，可以在收到不予立案通知书后七日以内向作出决定的公安机关申请复议；公安机关应当在收到复议申请后七日以内作出决定，并书面通知控告人。

控告人对不予立案的复议决定不服的，可以在收到复议决定书后七日以内向上一级公安机关申请复核；上一级公安机关应当在收到复核申请后七日以内作出决定。对上级公安机关撤销不予立案决定的，下级公安机关应当执行。

第一百七十七条 对行政执法机关移送的案件，公安机关应当自接受案件之日起三日以内进行审查，认为有犯罪事实，需要追究刑事责任，依法决定立案的，应当书面通知移送案件的行政执法机关；认为没有犯罪事实，或者犯罪事实显著轻微，不需要追究刑事责任，依法不予立案的，应当说明理由，并将不予立案通知书送达移送案件的行政执法机关，相应退回案件材料。

第一百七十八条 移送案件的行政执法机关对不予立案决定不服的，可以在收到不予立案通知书后三日以内向作出决定的公安机关申请复议；公安机关应当在收到行政执法机关的复议申请后三日以内作出决定，并书面通知移送案件的行政执法机关。

第一百七十九条 对人民检察院要求说明不立案理由的案件，公安机关应当在收到通知书后七日以内，对不立案的情况、依据和理由作出书面说明，回复人民检察院。公安机关作出立案决定的，应当将立案决定书复印件送达人民检察院。

人民检察院通知公安机关立案的，公安机关应当在收到通知书后十五日以内立案，并将立案决定书复印件送达人民检察院。

第一百八十条 人民检察院认为公安机关不应当立案而立案，提出纠正意见的，公安机关应当进行调查核实，并将有关情况回复人民检察院。

第一百八十一条 经立案侦查，认为有犯罪事实需要追究刑事责任，但不属于自己管辖或者需要由其他公安机关并案侦查的案件，经县级以上公安机关负责人批准，制作移送案件通知书，移送有管辖权的机关或者并案侦查的公安机关，并在移送案件后三日以内书面通知犯罪嫌疑人家属。

第一百八十二条 案件变更管辖或者移送其他公安机关并案侦查时，与案件有关的财物及其孳息、文件应当随案移交。

移交时，由接收人、移交人当面查点清楚，并在交接单据上共同签名。

第二节　撤　案

第一百八十三条 经过侦查，发现具有下列情形之一的，应当撤销案件：

（一）没有犯罪事实的；

（二）情节显著轻微、危害不大，不认为是犯罪的；

（三）犯罪已过追诉时效期限的；

（四）经特赦令免除刑罚的；

（五）犯罪嫌疑人死亡的；

（六）其他依法不追究刑事责任的。

对于经过侦查，发现有犯罪事实需要追究刑事责任，但不是被立案侦查的犯罪嫌疑人实施的，或者共同犯罪案件中部分犯罪嫌疑人不够刑事处罚的，应当对有关犯罪嫌疑人终止侦查，并对该案件继续侦查。

第一百八十四条 需要撤销案件或者对犯罪嫌疑人终止侦查的，办案部门应当制作撤销案件或者对犯罪嫌疑人终止侦查报告书，报县级以上公安机关负责人批准。

公安机关决定撤销案件或者对犯罪嫌疑人终止侦查时，原犯罪嫌疑人在押的，应当立即释放，发给释放证明书。原犯罪嫌疑人被逮捕的，应当通知原批准逮捕的人民检察院。对原犯罪嫌疑人采取其他强制措施的，应当立即解除强制措施；需要行政处理的，依法予以处理或者移交有关部门。

对查封、扣押的财物及其孳息、文件，或者冻结的财产，除按照法律和有关规定另行处理的以外，应当解除查封、扣押、冻结。

第一百八十五条 公安机关作出撤销案件决定后，应当在三日以内告知原犯罪嫌疑人、被害人或者其近亲属、法定代理人以及案件移送机关。

公安机关作出终止侦查决定后，应当在三日以内告知原犯罪嫌疑人。

第一百八十六条 公安机关撤销案件以后又发现新的事实或者证据，认为有犯罪事实需要追究刑事责任的，应当重新立案侦查。

对于犯罪嫌疑人终止侦查后又发现新的事实或者证据，认为有犯罪事实需要追究刑事责任的，应当继续侦查。

第八章 侦 查

第一节 一般规定

第一百八十七条 公安机关对已经立案的刑事案件，应当及时进行侦查，全面、客观地收集、调取犯罪嫌疑人有罪或者无罪、罪轻或者罪重的证据材料。

第一百八十八条 公安机关经过侦查，对有证据证明有犯罪事实的案件，应当进行预审，对收集、调取的证据材料的真实性、合法性及证明力予以审查、核实。

第一百八十九条 公安机关侦查犯罪，应当严格依照法律规定的条件和程序采取强制措施和侦查措施，严禁在没有证据的情况下，仅凭怀疑就对犯罪嫌疑人采取强制措施和侦查措施。

第一百九十条 公安机关侦查犯罪，涉及国家秘密、商业秘密、个人隐私的，应当保密。

第一百九十一条 当事人和辩护人、诉讼代理人、利害关系人对于公安机关及其侦查人员有下列行为之一的，有权向该机关申诉或者控告：

（一）采取强制措施法定期限届满，不予以释放、解除或者变更的；

（二）应当退还取保候审保证金不退还的；

（三）对与案件无关的财物采取查封、扣押、冻结措施的；

（四）应当解除查封、扣押、冻结不解除的；

（五）贪污、挪用、私分、调换、违反规定使用查封、扣押、冻结的财物的。

受理申诉或者控告的公安机关应当及时进行调查核实，并在收到申诉、控告之日起三十日以内作出处理决定，书面回复申诉人、控告人。发现公安机关及其侦查人员有上述行为之一的，应当立即纠正。

第一百九十二条 上级公安机关发现下级公安机关存在本规定第一百九十一条第一款规定的违法行为或者对申诉、控告事项不按照规定处理的，应当责令下级公安机关限期纠正，下级公安机关应当立即执行。必要时，上级公安机关可以就申诉、控告事项直接作出处理决定。

第二节 讯问犯罪嫌疑人

第一百九十三条 公安机关对于不需要拘留、逮捕的犯罪嫌疑人，经办案部门负责人批准，可以传唤到犯罪嫌疑人所在市、县内的指定地点或者到他的住处进行讯问。

第一百九十四条 传唤犯罪嫌疑人时，应当出示传唤证和侦查人员的工作证件，并责令其在传唤证上签名、捺指印。

犯罪嫌疑人到案后，应当由其在传唤证上填写到案时间。传唤结束时，应当由其在传唤证上填写传唤结束时间。犯罪嫌疑人拒绝填写的，侦查人员应当在传唤证上注明。

对在现场发现的犯罪嫌疑人，侦查人员经出示工作证件，可以口头传唤，并将传唤的原因和依据告知被传唤人。在讯问笔录中应当注明犯罪嫌疑人到案方式，并由犯罪嫌疑人注明到案时间和传唤结束时间。

对自动投案或者群众扭送到公安机关的犯罪嫌疑人，可以依法传唤。

第一百九十五条 传唤持续的时间不得超过十二小时。案情特别重大、复杂，需要采取拘留、逮捕措施的，经办案部门负责人批准，传唤持续的时间不得超过二十四小时。不得以连续传唤的形式变相拘禁犯罪嫌疑人。

传唤期限届满，未作出采取其他强制措施决定的，应当立即结束传唤。

第一百九十六条 传唤、拘传、讯问犯罪嫌疑人，应当保证犯罪嫌疑人的饮食和必要的休息时间，并记录在案。

第一百九十七条 讯问犯罪嫌疑人，必须由侦查人员进行。讯问的时候，侦查人员不得少于二人。

讯问同案的犯罪嫌疑人，应当个别进行。

第一百九十八条 侦查人员讯问犯罪嫌疑人时，应当首先讯问犯罪嫌疑人是否有犯罪行为，并告知犯罪嫌疑人如实供述自己罪行可以从轻或者减轻处罚的法律规定，让他陈述有罪的情节或者无罪的辩解，然后向他提出问题。

犯罪嫌疑人对侦查人员的提问，应当如实回答。但是对与本案无关的问题，有拒绝回答的权利。

第一次讯问，应当问明犯罪嫌疑人的姓名、别名、曾用名、出生年月日、户籍所在地、现住地、籍贯、出生地、民族、职业、文化程度、家庭情况、社会经历、是否属于人大代表、政协委员、是否受过刑事处罚或者行政处理等情况。

第一百九十九条 讯问聋、哑的犯罪嫌疑人，应当有通晓聋、哑手势的人参加，并在讯问笔录上注明犯罪嫌疑人的聋、哑情况，以及翻译人员的姓名、工作单位和职业。

讯问不通晓当地语言文字的犯罪嫌疑人，应当配备翻译人员。

第二百条 侦查人员应当将问话和犯罪嫌疑人的供述或者辩解如实地记录清楚。制作讯问笔录应当使用能够长期保持字迹的材料。

第二百零一条 讯问笔录应当交犯罪嫌疑人核对或者向他宣读。如果记录有遗漏或者差错，应当允许犯罪嫌疑人补充或者更正，并捺指印。笔录经犯罪嫌疑人核对无误后，应当由其在笔录上逐页签名、捺指印，并在末页写明“以上笔录我看过（或向我宣读过），和我说的相符”。拒绝签名、捺指印的，侦查人员应当在笔录上注明。

讯问笔录上所列项目，应当按照规定填写齐全。侦查人员、翻译人员应当在讯问笔录上签名。

第二百零二条 犯罪嫌疑人请求自行书写供述的，应当准许；必要时，侦查人员也可以要求犯罪嫌疑人亲笔书写供词。犯罪嫌疑人应当在亲笔供词上逐页签名、捺指印。侦查人员收到后，应当在首页右上方写明“于某年某月某日收到”，并签名。

第二百零三条 讯问犯罪嫌疑人，在文字记录的同时，可以对讯问过程进行录音或者录像。对于可能判处无期徒刑、死刑的案件或者其他重大犯罪案件，应当对讯问过程进行录音或者录像。

前款规定的“可能判处无期徒刑、死刑的案件”，是指应当适用的法定刑或者量刑档次包含无期徒刑、死刑的案件。“其他重大犯罪案件”，是指致人重伤、死亡的严重危害公共安全犯罪、严重侵犯公民人身权利犯罪，以及黑社会性质组织犯罪、严重毒品犯罪等重大故意犯罪案件。

对讯问过程录音或者录像的，应当对每一次讯问全程不间断进行，保持完整性。不得选择性地录制，不得剪接、删改。

第二百零四条 对犯罪嫌疑人供述的犯罪事实、无罪或者罪轻的事实、申辩和反证，以及犯罪嫌疑人提供的证明自己无罪、罪轻的证据，公安机关应当认真核查；对有关证据，无论是否采信，都应当如实记录、妥善保管，并连同核查情况附卷。

第三节 询问证人、被害人

第二百零五条 询问证人、被害人，可以在现场进行，也可以到证人、被害人所在单位、住处或者证人、被害人提出的地点进行。在必要的时候，可以通知证人、被害人到公安机关提供证言。

询问证人、被害人应当个别进行。

在现场询问证人、被害人，侦查人员应当出示工作证件。到证人、被害人所在单位、住处或者证人、被害人提出的地点询问证人、被害人，应当经办案部门负责人批准，制作询问通知书。询问前，侦查人员应当出示询问通知书和工作证件。

第二百零六条 询问前，应当了解证人、被害人的身份，证人、犯罪嫌疑人、被害人之间的关系。询问时，应当告知证人、被害人必须如实地提供证据、证言和有意作伪证或者隐匿罪证应负的法律责任。

侦查人员不得向证人、被害人泄露案情或者表示对案件的看法，严禁采用暴力、威胁等非法方法询问证人、被害人。

第二百零七条 本规定第二百零一条、第二百零二条的规定，也适用于询问证人、被害人。

第四节　勘验、检查

第二百零八条 侦查人员对于与犯罪有关的场所、物品、人身、尸体应当进行勘验或者检查，及时提取、采集与案件有关的痕迹、物证、生物样本等。在必要的时候，可以指派或者聘请具有专门知识的人，在侦查人员的主持下进行勘验、检查。

第二百零九条 发案地派出所、巡警等部门应当妥善保护犯罪现场和证据，控制犯罪嫌疑人，并立即报告公安机关主管部门。

执行勘查的侦查人员接到通知后，应当立即赶赴现场；勘查现场，应当持有刑事犯罪现场勘查证。

第二百一十条 公安机关对案件现场进行勘查不得少于二人。勘查现场时，应当邀请与案件无关的公民作为见证人。

第二百一十一条 勘查现场，应当拍摄现场照片、绘制现场图，制作笔录，由参加勘查的人和见证人签名。对重大案件的现场，应当录像。

第二百一十二条 为了确定被害人、犯罪嫌疑人的某些特征、伤害情况或者生理状态，可以对人身进行检查，提取指纹信息，采集血液、尿液等生物样本。被害人死亡的，应当通过被害人近亲属辨认、提取生物样本鉴定等方式确定被害人身份。

犯罪嫌疑人如果拒绝检查、提取、采集的，侦查人员认为必要的时候，经办案部门负责人批准，可以强制检查、提取、采集。

检查妇女的身体，应当由女工作人员或者医师进行。

检查的情况应当制作笔录，由参加检查的侦查人员、检查人员、被检查人员和见证人签名。被检查人员拒绝签名的，侦查人员应当在笔录中注明。

第二百一十三条 为了确定死因，经县级以上公安机关负责人批准，可以解剖尸体，并且通知死者家属到场，让其在解剖尸体通知书上签名。

死者家属无正当理由拒不到场或者拒绝签名的，侦查人员应当在解剖尸体通知书上注明。对身份不明的尸体，无法通知死者家属的，应当在笔录中注明。

第二百一十四条 对已查明死因，没有继续保存必要的尸体，应当通知家属领回处理，对于无法通知或者通知后家属拒绝领回的，经县级以上公安机关负责人批准，可以及时处理。

第二百一十五条 公安机关进行勘验、检查后，人民检察院要求复验、复查的，公安机关应当进行复验、复查，并可以通知人民检察院派员参加。

第二百一十六条 为了查明案情，在必要的时候，经县级以上公安机关负责人批准，可以进行侦查实验。

对侦查实验的经过和结果，应当制作侦查实验笔录，由参加实验的人签名。必要时，应当对侦查实验过程进行录音或者录像。

进行侦查实验，禁止一切足以造成危险、侮辱人格或者有伤风化的行为。

第五节 搜 查

第二百一十七条 为了收集犯罪证据、查获犯罪人，经县级以上公安机关负责人批准，侦查人员可以对犯罪嫌疑人以及可能隐藏罪犯或者犯罪证据的人的身体、物品、住处和其他有关的地方进行搜查。

第二百一十八条 进行搜查，必须向被搜查人出示搜查证，执行搜查的侦查人员不得少于二人。

第二百一十九条 执行拘留、逮捕的时候，遇有下列紧急情况之一的，不用搜查证也可以进行搜查：

（一）可能随身携带凶器的；

（二）可能隐藏爆炸、剧毒等危险物品的；

（三）可能隐匿、毁弃、转移犯罪证据的；

（四）可能隐匿其他犯罪嫌疑人的；

（五）其他突然发生的紧急情况。

第二百二十条 进行搜查时，应当有被搜查人或者他的家属、邻居或者其他见证人在场。

公安机关可以要求有关单位和个人交出可以证明犯罪嫌疑人有罪或者无罪的物证、书证、视听资料等证据。遇到阻碍搜查的，侦查人员可以强制搜查。

搜查妇女的身体，应当由女工作人员进行。

第二百二十一条 搜查的情况应当制作笔录，由侦查人员和被搜查人或者他的家属，邻居或者其他见证人签名。

如果被搜查人拒绝签名，或者被搜查人在逃，他的家属拒绝签名或者不在场的，侦查人员应当在笔录中注明。

第六节 查封、扣押

第二百二十二条 在侦查活动中发现的可用以证明犯罪嫌疑人有罪或者无罪的各种财物、文件，应当查封、扣押；但与案件无关的财物、文件，不得查封、扣押。

持有人拒绝交出应当查封、扣押的财物、文件的，公安机关可以强制查封、扣押。

第二百二十三条 在侦查过程中需要扣押财物、文件的，应当经办案部门负责人批准，制作扣押决定书；在现场勘查或者搜查中需要扣押财物、文件的，由现场指挥人员决定；但扣押财物、文件价值较高或者可能严重影响正常生产经营的，应当经县级以上公安机关负责人批准，制作扣押决定书。

在侦查过程中需要查封土地、房屋等不动产，或者船舶、航空器以及其他不宜移动的大型机器、设备等特定动产的，应当经县级以上公安机关负责人批准并制作查封决定书。

第二百二十四条 执行查封、扣押的侦查人员不得少于二人，并出示本规定第二百二十三条规定的有关法律文书。

查封、扣押的情况应当制作笔录，由侦查人员、持有人和见证人签名。对于无法确定持有人或者持有人拒绝签名的，侦查人员应当在笔录中注明。

第二百二十五条 对查封、扣押的财物和文件，应当会同在场见证人和被查封、扣押财物、文件的持有人查点清楚，当场开列查封、扣押清单一式三份，写明财物或者文件的名称、编号、数量、特征及其来源等，由侦查人员、持有人和见证人签名，一份交给持有人，一份交给公安机关保管人员，一份附卷备查。

对于无法确定持有人的财物、文件或者持有人拒绝签名的，侦查人员应当在清单中注明。

依法扣押文物、金银、珠宝、名贵字画等贵重财物的，应当拍照或者录像，并及时鉴定、估价。

第二百二十六条 对作为犯罪证据但不便提取的财物、文件，经登记、拍照或者录像、估价后，可以交财物、文件持有人保管或者封存，并且开具登记保存清单一式两份，由侦查人员、持有人和见证人签名，一份交给财物、文件持有人，另一份连同照片或者录像资料附卷备查。财物、文件持有人应当妥善保管，不得转移、变卖、毁损。

第二百二十七条 扣押犯罪嫌疑人的邮件、电子邮件、电报，应当经县级以上公安机关负责人批准，制作扣押邮件、电报通知书，通知邮电部门或者网络服务单位检交扣押。

不需要继续扣押的时候，应当经县级以上公安机关负责人批准，制作解除扣押邮件、电报通知书，立即通知邮电部门或者网络服务单位。

第二百二十八条 对查封、扣押的财物、文件、邮件、电子邮件、电报，经查明确实与案件无关的，应当在三日以内解除查封、扣押，退还原主或者原邮电部门、网络服务单位；原主不明确的，应当采取公告方式告知原主认领。在通知原主或者公告后六个月以内，无人认领的，按照无主财物处理，登记后上缴国库。

第二百二十九条 对被害人的合法财产及其孳息权属明确无争议，并且涉嫌犯罪事实已经查证属实的，应当在登记、拍照或者录像、估价后及时返还，并在案卷中注明返还的理由，将原物照片、清单和被害人的领取手续存卷备查。

查找不到被害人，或者通知被害人后，无人领取的，应当将有关财产及其孳息随案移送。

第二百三十条 对查封、扣押的财物及其孳息、文件，公安机关应当妥善保管，以供核查。任何单位和个人不得使用、调换、损毁或者自行处理。

对容易腐烂变质及其他不易保管的财物，可以根据具体情况，经县级以上公安机关负责人批准，在拍照或者录像后委托有关部门变卖、拍卖，变卖、拍卖的价款暂予保存，待诉讼终结后一并处理。

对违禁品，应当依照国家有关规定处理；对于需要作为证据使用的，应当在诉讼终结后处理。

第七节　查询、冻结

第二百三十一条　公安机关根据侦查犯罪的需要，可以依照规定查询、冻结犯罪嫌疑人的存款、汇款、债券、股票、基金份额等财产，并可以要求有关单位和个人配合。

第二百三十二条　向金融机构等单位查询犯罪嫌疑人的存款、汇款、债券、股票、基金份额等财产，应当经县级以上公安机关负责人批准，制作协助查询财产通知书，通知金融机构等单位执行。

第二百三十三条　需要冻结犯罪嫌疑人在金融机构等单位的存款、汇款、债券、股票、基金份额等财产的，应当经县级以上公安机关负责人批准，制作协助冻结财产通知书，通知金融机构等单位执行。

第二百三十四条　不需要继续冻结犯罪嫌疑人存款、汇款、债券、股票、基金份额等财产时，应当经县级以上公安机关负责人批准，制作协助解除冻结财产通知书，通知金融机构等单位执行。

第二百三十五条　犯罪嫌疑人的存款、汇款、债券、股票、基金份额等财产已被冻结的，不得重复冻结，但可以轮候冻结。

第二百三十六条　冻结存款、汇款等财产的期限为六个月。冻结债券、股票、基金份额等证券的期限为二年。有特殊原因需要延长期限的，公安机关应当在冻结期限届满前办理继续冻结手续。每次续冻存款、汇款等财产的期限最长不得超过六个月；每次续冻债券、股票、基金份额等证券的期限最长不得超过二年。继续冻结的，应当按照本规定第二百三十三条的规定重新办理冻结手续。逾期不办理继续冻结手续的，视为自动解除冻结。

第二百三十七条　对冻结的债券、股票、基金份额等财产，应当告知当事人或者其法定代理人、委托代理人有权申请出售。

权利人书面申请出售被冻结的债券、股票、基金份额等财产，不损害国家利益、被害人、其他权利人利益，不影响诉讼正常进行的，以及冻结的汇票、本票、支票的有效期即将届满的，经县级以上公安机关负责人批准，可以依法出售或者变现，所得价款应当继续冻结在其对应的银行账户中；没有对应的银行账户的，所得价款由公安机关在银行指定专门账户保管，并及时告知当事人或者其近亲属。

第二百三十八条 对冻结的存款、汇款、债券、股票、基金份额等财产，经查明确实与案件无关的，应当在三日以内通知金融机构等单位解除冻结，并通知被冻结存款、汇款、债券、股票、基金份额等财产的所有人。

第八节 鉴 定

第二百三十九条 为了查明案情，解决案件中某些专门性问题，应当指派、聘请有专门知识的人进行鉴定。

需要聘请有专门知识的人进行鉴定，应当经县级以上公安机关负责人批准后，制作鉴定聘请书。

第二百四十条 公安机关应当为鉴定人进行鉴定提供必要的条件，及时向鉴定人送交有关检材和对比样本等原始材料，介绍与鉴定有关的情况，并且明确提出要求鉴定解决的问题。

禁止暗示或者强迫鉴定人作出某种鉴定意见。

第二百四十一条 侦查人员应当做好检材的保管和送检工作，并注明检材送检环节的责任人，确保检材在流转环节中的同一性和不被污染。

第二百四十二条 鉴定人应当按照鉴定规则，运用科学方法独立进行鉴定。鉴定后，应当出具鉴定意见，并在鉴定意见书上签名，同时附上鉴定机构和鉴定人的资质证明或者其他证明文件。

多人参加鉴定，鉴定人有不同意见的，应当注明。

第二百四十三条 对鉴定意见，侦查人员应当进行审查。

对经审查作为证据使用的鉴定意见，公安机关应当及时告知犯罪嫌疑人、被害人或者其法定代理人。

第二百四十四条 犯罪嫌疑人、被害人对鉴定意见有异议提出申请，以及办案部门或者侦查人员对鉴定意见有疑义的，可以将鉴定意见送交其他有专门知识的人员提出意见。必要时，询问鉴定人并制作笔录附卷。

第二百四十五条 经审查，发现有下列情形之一的，经县级以上公安机关负责人批准，应当补充鉴定：

（一）鉴定内容有明显遗漏的；

（二）发现新的有鉴定意义的证物的；

（三）对鉴定证物有新的鉴定要求的；

（四）鉴定意见不完整，委托事项无法确定的；

（五）其他需要补充鉴定的情形。

经审查，不符合上述情形的，经县级以上公安机关负责人批准，作出不准予补充鉴定的决定，并在作出决定后三日以内书面通知申请人。

第二百四十六条 经审查，发现有下列情形之一的，经县级以上公安机关负责人批准，应当重新鉴定：

（一）鉴定程序违法或者违反相关专业技术要求的；

（二）鉴定机构、鉴定人不具备鉴定资质和条件的；

（三）鉴定人故意作虚假鉴定或者违反回避规定的；

（四）鉴定意见依据明显不足的；

（五）检材虚假或者被损坏的；

（六）其他应当重新鉴定的情形。

重新鉴定，应当另行指派或者聘请鉴定人。

经审查，不符合上述情形的，经县级以上公安机关负责人批准，作出不准予重新鉴定的决定，并在作出决定后三日以内书面通知申请人。

第二百四十七条 公诉人、当事人或者辩护人、诉讼代理人对鉴定意见有异议，经人民法院依法通知的，公安机关鉴定人应当出庭作证。

鉴定人故意作虚假鉴定的，应当依法追究其法律责任。

第二百四十八条 对犯罪嫌疑人作精神病鉴定的时间不计入办案期限，其他鉴定时间都应当计入办案期限。

第九节　辨　认

第二百四十九条 为了查明案情，在必要的时候，侦查人员可以让被害人、证人或者犯罪嫌疑人对与犯罪有关的物品、文件、尸体、场所或者犯罪嫌疑人进行辨认。

第二百五十条 辨认应当在侦查人员的主持下进行。主持辨认的侦查人员不得少于二人。

几名辨认人对同一辨认对象进行辨认时，应当由辨认人个别进行。

第二百五十一条 辨认时，应当将辨认对象混杂在特征相类似的其他对象中，不得给辨认人任何暗示。辨认犯罪嫌疑人时，被辨认的人数不得少于七人；对犯罪嫌疑人照片进行辨认的，不得少于十人的照片；辨认物品时，混杂的同类物品不得少于五件。

对场所、尸体等特定辨认对象进行辨认，或者辨认人能够准确描述物品独有特征的，陪衬物不受数量的限制。

第二百五十二条 对犯罪嫌疑人的辨认，辨认人不愿意公开进行时，可以在不暴露辨认人的情况下进行，并应当为其保守秘密。

第二百五十三条 对辨认经过和结果，应当制作辨认笔录，由侦查人员、辨认人、见证人签名。必要时，应当对辨认过程进行录音或者录像。

第十节 技术侦查

第二百五十四条 公安机关在立案后，根据侦查犯罪的需要，可以对下列严重危害社会的犯罪案件采取技术侦查措施：

（一）危害国家安全犯罪、恐怖活动犯罪、黑社会性质的组织犯罪、重大毒品犯罪案件；

（二）故意杀人、故意伤害致人重伤或者死亡、强奸、抢劫、绑架、放火、爆炸、投放危险物质等严重暴力犯罪案件；

（三）集团性、系列性、跨区域性重大犯罪案件；

（四）利用电信、计算机网络、寄递渠道等实施的重大犯罪案件，以及针对计算机网络实施的重大犯罪案件；

（五）其他严重危害社会的犯罪案件，依法可能判处七年以上有期徒刑的。

公安机关追捕被通缉或者批准、决定逮捕的在逃的犯罪嫌疑人、被告人，可以采取追捕所必需的技术侦查措施。

第二百五十五条 技术侦查措施是指由设区的市一级以上公安机关负责技术侦查的部门实施的记录监控、行踪监控、通信监控、场所监控等措施。

技术侦查措施的适用对象是犯罪嫌疑人、被告人以及与犯罪活动直接关联的人员。

第二百五十六条 需要采取技术侦查措施的，应当制作呈请采取技术侦查措施报告书，报设区的市一级以上公安机关负责人批准，制作采取技术侦查措施决定书。

人民检察院等部门决定采取技术侦查措施，交公安机关执行的，由设区的市一级以上公安机关按照规定办理相关手续后，交负责技术侦查的部门执行，并将执行情况通知人民检察院等部门。

第二百五十七条 批准采取技术侦查措施的决定自签发之日起三个月以内有效。

在有效期限内，对不需要继续采取技术侦查措施的，办案部门应当立即书面通知负责技术侦查的部门解除技术侦查措施；负责技术侦查的部门认为需要解除技术侦查措施的，报批准机关负责人批准，制作解除技术侦查措施决定书，并及时通知办案部门。

对复杂、疑难案件，采取技术侦查措施的有效期限届满仍需要继续采取技术侦查措施的，经负责技术侦查的部门审核后，报批准机关负责人批准，制作延长技术侦查措施期限决定书。批准延长期限，每次不得超过三个月。

有效期限届满，负责技术侦查的部门应当立即解除技术侦查措施。

第二百五十八条 采取技术侦查措施，必须严格按照批准的措施种类、适用对象和期限执行。

在有效期限内，需要变更技术侦查措施种类或者适用对象的，应当按照本规定第二百五十六条规定重新办理批准手续。

第二百五十九条 采取技术侦查措施收集的材料在刑事诉讼中可以作为证据使用。使用技术侦查措施收集的材料作为证据时，可能危及有关人员的人身安全，或者可能产生其他严重后果的，应当采取不暴露有关人员身份和使用的技术设备、侦查方法等保护措施。

采取技术侦查措施收集的材料作为证据使用的，采取技术侦查措施决定书应当附卷。

第二百六十条 采取技术侦查措施收集的材料，应当严格依照有关规定存放，只能用于对犯罪的侦查、起诉和审判，不得用于其他用途。

采取技术侦查措施收集的与案件无关的材料，必须及时销毁，并制作销毁记录。

第二百六十一条 侦查人员对采取技术侦查措施过程中知悉的国家秘密、商业秘密和个人隐私，应当保密。

公安机关依法采取技术侦查措施，有关单位和个人应当配合，并对有关情况予以保密。

第二百六十二条 为了查明案情，在必要的时候，经县级以上公安机关负责人决定，可以由侦查人员或者公安机关指定的其他人员隐匿身份实施侦查。

隐匿身份实施侦查时，不得使用促使他人产生犯罪意图的方法诱使他人犯罪，不得采用可能危害公共安全或者发生重大人身危险的方法。

第二百六十三条 对涉及给付毒品等违禁品或者财物的犯罪活动，为查明参与该项犯罪的人员和犯罪事实，根据侦查需要，经县级以上公安机关负责人决定，可以实施控制下交付。

第二百六十四条 公安机关依照本节规定实施隐匿身份侦查和控制下交付收集的材料在刑事诉讼中可以作为证据使用。

使用隐匿身份侦查和控制下交付收集的材料作为证据时，可能危及隐匿身份人员的人身安全，或者可能产生其他严重后果的，应当采取不暴露有关人员身份等保护措施。

第十一节 通 缉

第二百六十五条 应当逮捕的犯罪嫌疑人如果在逃，公安机关可以发布通缉令，采取有效措施，追捕归案。

县级以上公安机关在自己管辖的地区内，可以直接发布通缉令；超出自己管辖的地区，应当报请有权决定的上级公安机关发布。

通缉令的发送范围，由签发通缉令的公安机关负责人决定。

第二百六十六条 通缉令中应当尽可能写明被通缉人的姓名、别名、曾用名、绰号、性别、年龄、民族、籍贯、出生地、户籍所在地、居住地、职业、身份证号码、衣着和体貌特征、口音、行为习惯，并附被通缉人近期照片，可以附指纹及其他物证的照片。除了必须保密的事项以外，应当写明发案的时间、地点和简要案情。

第二百六十七条 通缉令发出后，如果发现新的重要情况可以补发通报。通报必须注明原通缉令的编号和日期。

第二百六十八条 公安机关接到通缉令后，应当及时布置查缉。抓获犯罪嫌疑人后，报经县级以上公安机关负责人批准，凭通缉令或者相关法律文书羁押，并通知通缉令发布机关进行核实，办理交接手续。

第二百六十九条 需要对犯罪嫌疑人在口岸采取边控措施的，应当按照有关规定制作边控对象通知书，经县级以上公安机关负责人审核后，层报省级公安机关批准，办理全国范围内的边控措施。需要限制犯罪嫌疑人人身自由的，应当附有关法律文书。

紧急情况下，需要采取边控措施的，县级以上公安机关可以出具公函，先向当地边防检查站交控，但应当在七日以内按照规定程序办理全国范围内的边控措施。

第二百七十条 为发现重大犯罪线索，追缴涉案财物、证据，查获犯罪嫌疑人，必要时，经县级以上公安机关负责人批准，可以发布悬赏通告。

悬赏通告应当写明悬赏对象的基本情况和赏金的具体数额。

第二百七十一条 通缉令、悬赏通告应当广泛张贴，并可以通过广播、电视、报刊、计算机网络等方式发布。

第二百七十二条 经核实，犯罪嫌疑人已经自动投案、被击毙或者被抓获，以及发现有其他不需要采取通缉、边控、悬赏通告的情形的，发布机关应当在原通缉、通知、通告范围内，撤销通缉令、边控通知、悬赏通告。

第二百七十三条 通缉越狱逃跑的犯罪嫌疑人、被告人或者罪犯，适用本节的有关规定。

第十二节 侦查终结

第二百七十四条 侦查终结的案件，应当同时符合以下条件：

（一）案件事实清楚；

（二）证据确实、充分；

（三）犯罪性质和罪名认定正确；

（四）法律手续完备；

（五）依法应当追究刑事责任。

第二百七十五条 侦查终结的案件，侦查人员应当制作结案报告。

结案报告应当包括以下内容：

（一）犯罪嫌疑人的基本情况；

（二）是否采取了强制措施及其理由；

（三）案件的事实和证据；

（四）法律依据和处理意见。

第二百七十六条 侦查终结案件的处理，由县级以上公安机关负责人批准；重大、复杂、疑难的案件应当经过集体讨论。

第二百七十七条 侦查终结后，应当将全部案卷材料按照要求装订立卷。

向人民检察院移送案件时，只移送诉讼卷，侦查卷由公安机关存档备查。

第二百七十八条　对查封、扣押的犯罪嫌疑人的财物及其孳息、文件或者冻结的财产，作为证据使用的，应当随案移送，并制作随案移送清单一式两份，一份留存，一份交人民检察院。

对于实物不宜移送的，应当将其清单、照片或者其他证明文件随案移送。待人民法院作出生效判决后，按照人民法院的通知，上缴国库或者依法予以返还，并向人民法院送交回执。人民法院未作出处理的，应当征求人民法院意见，并根据人民法院的决定依法作出处理。

第二百七十九条　对侦查终结的案件，应当制作起诉意见书，经县级以上公安机关负责人批准后，连同全部案卷材料、证据，以及辩护律师提出的意见，一并移送同级人民检察院审查决定；同时将案件移送情况告知犯罪嫌疑人及其辩护律师。

第二百八十条　共同犯罪案件的起诉意见书，应当写明每个犯罪嫌疑人在共同犯罪中的地位、作用、具体罪责和认罪态度，并分别提出处理意见。

第二百八十一条　被害人提出附带民事诉讼的，应当记录在案；移送审查起诉时，应当在起诉意见书末页注明。

第二百八十二条　人民检察院作出不起诉决定的，如果犯罪嫌疑人在押，公安机关应当立即办理释放手续，并根据人民检察院解除查封、扣押、冻结财物的书面通知，及时解除查封、扣押、冻结。

对人民检察院提出对被不起诉人给予行政处罚、行政处分或者没收其违法所得的检察意见，移送公安机关处理的，公安机关应当将处理结果及时通知人民检察院。

第二百八十三条　认为人民检察院作出的不起诉决定有错误的，应当在收到不起诉决定书后七日以内制作要求复议意见书，经县级以上公安机关负责人批准后，移送同级人民检察院复议。

要求复议的意见不被接受的，可以在收到人民检察院的复议决定书后七日以内制作提请复核意见书，经县级以上公安机关负责人批准后，连同人民检察院的复议决定书，一并提请上一级人民检察院复核。

第十三节　补充侦查

第二百八十四条　侦查终结，移送人民检察院审查起诉的案件，人民检察院退回公安机关补充侦查的，公安机关接到人民检察院退回补充侦查的法律文书后，应当按照补充侦查提纲在一个月以内补充侦查完毕。

补充侦查以二次为限。

第二百八十五条 对人民检察院退回补充侦查的案件，根据不同情况，报县级以上公安机关负责人批准，分别作如下处理：

（一）原认定犯罪事实清楚，证据不够充分的，应当在补充证据后，制作补充侦查报告书，移送人民检察院审查；对无法补充的证据，应当作出说明；

（二）在补充侦查过程中，发现新的同案犯或者新的罪行，需要追究刑事责任的，应当重新制作起诉意见书，移送人民检察院审查；

（三）发现原认定的犯罪事实有重大变化，不应当追究刑事责任的，应当重新提出处理意见，并将处理结果通知退查的人民检察院；

（四）原认定犯罪事实清楚，证据确实、充分，人民检察院退回补充侦查不当的，应当说明理由，移送人民检察院审查。

第二百八十六条 对于人民检察院在审查起诉过程中以及在人民法院作出生效判决前，要求公安机关提供法庭审判所必需的证据材料的，应当及时收集和提供。

第九章 执行刑罚

第一节 罪犯的交付

第二百八十七条 对被依法判处刑罚的罪犯，如果罪犯已被采取强制措施的，公安机关应当依据人民法院生效的判决书、裁定书以及执行通知书，将罪犯交付执行。

对人民法院作出无罪或者免除刑事处罚的判决，如果被告人在押，公安机关在收到相应的法律文书后应当立即办理释放手续；对人民法院建议给予行政处理的，应当依照有关规定处理或者移送有关部门。

第二百八十八条 对被判处死刑的罪犯，公安机关应当依据人民法院执行死刑的命令，将罪犯交由人民法院执行。

第二百八十九条 公安机关接到人民法院生效的判处死刑缓期二年执行、无期徒刑、有期徒刑的判决书、裁定书以及执行通知书后，应当在一个月以内将罪犯送交监狱执行。

对未成年犯应当送交未成年犯管教所执行刑罚。

第二百九十条 对被判处有期徒刑的罪犯，在被交付执行刑罚前，剩余刑期在三个月以下的，由看守所根据人民法院的判决代为执行。

对被判处拘役的罪犯，由看守所执行。

第二百九十一条 对被判处管制、宣告缓刑、假释或者暂予监外执行的罪犯，已被羁押的，由看守所将其交付社区矫正机构执行。

对被判处剥夺政治权利的罪犯，由罪犯居住地的派出所负责执行。

第二百九十二条 对被判处有期徒刑由看守所代为执行和被判处拘役的罪犯，执行期间如果没有再犯新罪，执行期满，看守所应当发给刑满释放证明书。

第二百九十三条 公安机关在执行刑罚中，如果认为判决有错误或者罪犯提出申诉，应当转请人民检察院或者原判人民法院处理。

第二节 减刑、假释、暂予监外执行

第二百九十四条 对依法留看守所执行刑罚的罪犯，符合减刑条件的，由看守所制作减刑建议书，经设区的市一级以上公安机关审查同意后，报请所在地中级以上人民法院审核裁定。

第二百九十五条 对依法留看守所执行刑罚的罪犯，符合假释条件的，由看守所制作假释建议书，经设区的市一级以上公安机关审查同意后，报请所在地中级以上人民法院审核裁定。

第二百九十六条 对依法留所执行刑罚的罪犯，有下列情形之一的，可以暂予监外执行：

（一）有严重疾病需要保外就医的；

（二）怀孕或者正在哺乳自己婴儿的妇女；

（三）生活不能自理，适用暂予监外执行不致危害社会的。

对罪犯暂予监外执行的，看守所应当提出书面意见，报设区的市一级以上公安机关批准，同时将书面意见抄送同级人民检察院。

对适用保外就医可能有社会危险性的罪犯，或者自伤自残的罪犯，不得保外就医。

对罪犯确有严重疾病，必须保外就医的，由省级人民政府指定的医院诊断并开具证明文件。

第二百九十七条 公安机关决定对罪犯暂予监外执行的，应当将暂予监外执行决定书交被暂予监外执行的罪犯和负责监外执行的社区矫正机构，同时抄送同级人民检察院。

第二百九十八条 批准暂予监外执行的公安机关接到人民检察院认为暂予监外执行不当的意见后，应当立即对暂予监外执行的决定进行重新核查。

第二百九十九条 对暂予监外执行的罪犯，有下列情形之一的，批准暂予监外执行的公安机关应当作出收监执行决定：

（一）发现不符合暂予监外执行条件的；

（二）严重违反有关暂予监外执行监督管理规定的；

（三）暂予监外执行的情形消失后，罪犯刑期未满的。

对暂予监外执行的罪犯决定收监执行的，由暂予监外执行地看守所将罪犯收监执行。

不符合暂予监外执行条件的罪犯通过贿赂等非法手段被暂予监外执行的，或者罪犯在暂予监外执行期间脱逃的，罪犯被收监执行后，所在看守所应当提出不计入执行刑期的建议，经设区的市一级以上公安机关审查同意后，报请所在地中级以上人民法院审核裁定。

第三节 剥夺政治权利

第三百条 负责执行剥夺政治权利的派出所应当按照人民法院的判决，向罪犯及其所在单位、居住地基层组织宣布其犯罪事实、被剥夺政治权利的期限，以及罪犯在执行期间应当遵守的规定。

第三百零一条 被剥夺政治权利的罪犯在执行期间应当遵守下列规定：

（一）遵守国家法律、行政法规和公安部制定的有关规定，服从监督管理；

（二）不得享有选举权和被选举权；

（三）不得组织或者参加集会、游行、示威、结社活动；

（四）不得出版、制作、发行书籍、音像制品；

（五）不得接受采访，发表演说；

（六）不得在境内外发表有损国家荣誉、利益或者其他具有社会危害性的言论；

（七）不得担任国家机关职务；

（八）不得担任国有公司、企业、事业单位和人民团体的领导职务。

第三百零二条 被剥夺政治权利的罪犯违反本规定第三百零一条的规定，尚未构成新的犯罪的，公安机关依法可以给予治安管理处罚。

第三百零三条 被剥夺政治权利的罪犯，执行期满，公安机关应当书面通知本人及其所在单位、居住地基层组织。

第四节 对又犯新罪罪犯的处理

第三百零四条 对留看守所执行刑罚的罪犯，在暂予监外执行期间又犯新罪的，由犯罪地公安机关立案侦查，并通知批准机关。批准机关作出收监执行决定后，应当根据侦查、审判需要，由犯罪地看守所或者暂予监外执行地看守所收监执行。

第三百零五条 被剥夺政治权利、管制、宣告缓刑和假释的罪犯在执行期间又犯新罪的，由犯罪地公安机关立案侦查。

对留看守所执行刑罚的罪犯，因犯新罪被撤销假释的，应当根据侦查、审判需要，由犯罪地看守所或者原执行看守所收监执行。

第十章 特别程序

第一节 未成年人刑事案件诉讼程序

第三百零六条 公安机关办理未成年人刑事案件，实行教育、感化、挽救的方针，坚持教育为主、惩罚为辅的原则。

第三百零七条 公安机关办理未成年人刑事案件，应当保障未成年人行使其诉讼权利并得到法律帮助，依法保护未成年人的名誉和隐私，尊重其人格尊严。

第三百零八条 公安机关应当设置专门机构或者配备专职人员办理未成年人刑事案件。

未成年人刑事案件应当由熟悉未成年人身心特点，善于做未成年人思想教育工作，具有一定办案经验的人员办理。

第三百零九条 未成年犯罪嫌疑人没有委托辩护人的，公安机关应当通知法律援助机构指派律师为其提供辩护。

第三百一十条 公安机关办理未成年人刑事案件时，应当重点查清未成年犯罪嫌疑人实施犯罪行为时是否已满十四周岁、十六周岁、十八周岁的临界年龄。

第三百一十一条 公安机关办理未成年人刑事案件，根据情况可以对未成年犯罪嫌疑人的成长经历、犯罪原因、监护教育等情况进行调查并制作调查报告。

作出调查报告的，在提请批准逮捕、移送审查起诉时，应当结合案情综合考虑，并将调查报告与案卷材料一并移送人民检察院。

第三百一十二条 讯问未成年犯罪嫌疑人，应当通知未成年犯罪嫌疑人的法定代理人到场。无法通知、法定代理人不能到场或者法定代理人是共犯的，也可以通知未成年犯罪嫌疑人的其他成年亲属，所在学校、单位、居住地基层组织或者未成年人保护组织的代表到场，并将有关情况记录在案。到场的法定代理人可以代为行使未成年犯罪嫌疑人的诉讼权利。

到场的法定代理人或者其他人员提出办案人员在讯问中侵犯未成年人合法权益的，公安机关应当认真核查，依法处理。

第三百一十三条 讯问未成年犯罪嫌疑人应当采取适合未成年人的方式，耐心细致地听取其供述或者辩解，认真审核、查证与案件有关的证据和线索，并针对其思想顾虑、恐惧心理、抵触情绪进行疏导和教育。

讯问女性未成年犯罪嫌疑人，应当有女工作人员在场。

第三百一十四条 讯问笔录应当交未成年犯罪嫌疑人、到场的法定代理人或者其他人员阅读或者向其宣读；对笔录内容有异议的，应当核实清楚，准予更正或者补充。

第三百一十五条 询问未成年被害人、证人，适用本规定第三百一十二条、第三百一十三条、第三百一十四条的规定。

第三百一十六条 对未成年犯罪嫌疑人应当严格限制和尽量减少使用逮捕措施。

未成年犯罪嫌疑人被拘留、逮捕后服从管理、依法变更强制措施不致发生社会危险性，能够保证诉讼正常进行的，公安机关应当依法及时变更强制措施；人民检察院批准逮捕的案件，公安机关应当将变更强制措施情况及时通知人民检察院。

第三百一十七条 对被羁押的未成年人应当与成年人分别关押、分别管理、分别教育，并根据其生理和心理特点在生活和学习方面给予照顾。

第三百一十八条 人民检察院在对未成年人作出附条件不起诉的决定前，听取公安机关意见时，公安机关应当提出书面意见，经县级以上公安机关负责人批准，移送同级人民检察院。

第三百一十九条 认为人民检察院作出的附条件不起诉决定有错误的，应当在收到不起诉决定书后七日以内制作要求复议意见书，经县级以上公安机关负责人批准，移送同级人民检察院复议。

要求复议的意见不被接受的，可以在收到人民检察院的复议决定书后七日以内制作提请复核意见书，经县级以上公安机关负责人批准后，连同人民检察院的复议决定书，一并提请上一级人民检察院复核。

第三百二十条 未成年人犯罪的时候不满十八周岁，被判处五年有期徒刑以下刑罚的，公安机关应当依据人民法院已经生效的判决书，将该未成年人的犯罪记录予以封存。

犯罪记录被封存的，除司法机关为办案需要或者有关单位根据国家规定进行查询外，公安机关不得向其他任何单位和个人提供。

被封存犯罪记录的未成年人，如果发现漏罪，合并被判处五年有期徒刑以上刑罚的，应当对其犯罪记录解除封存。

第三百二十一条 办理未成年人刑事案件，除本节已有规定的以外，按照本规定的其他规定进行。

第二节 当事人和解的公诉案件诉讼程序

第三百二十二条 下列公诉案件，犯罪嫌疑人真诚悔罪，通过向被害人赔偿损失、赔礼道歉等方式获得被害人谅解，被害人自愿和解的，经县级以上公安机关负责人批准，可以依法作为当事人和解的公诉案件办理：

（一）因民间纠纷引起，涉嫌刑法分则第四章、第五章规定的犯罪案件，可能判处三年有期徒刑以下刑罚的；

（二）除渎职犯罪以外的可能判处七年有期徒刑以下刑罚的过失犯罪案件。

犯罪嫌疑人在五年以内曾经故意犯罪的，不得作为当事人和解的公诉案件办理。

第三百二十三条 有下列情形之一的，不属于因民间纠纷引起的犯罪案件：

（一）雇凶伤害他人的；

（二）涉及黑社会性质组织犯罪的；

（三）涉及寻衅滋事的；

（四）涉及聚众斗殴的；

（五）多次故意伤害他人身体的；

（六）其他不宜和解的。

第三百二十四条 双方当事人和解的，公安机关应当审查案件事实是否清楚，被害人是否自愿和解，是否符合规定的条件。

公安机关审查时，应当听取双方当事人的意见，并记录在案；必要时，可以听取双方当事人亲属、当地居民委员会或者村民委员会人员以及其他了解案件情况的相关人员的意见。

第三百二十五条 达成和解的，公安机关应当主持制作和解协议书，并由双方当事人及其他参加人员签名。

当事人中有未成年人的，未成年当事人的法定代理人或者其他成年亲属应当在场。

第三百二十六条 和解协议书应当包括以下内容：

（一）案件的基本事实和主要证据；

（二）犯罪嫌疑人承认自己所犯罪行，对指控的犯罪事实没有异议，真诚悔罪；

（三）犯罪嫌疑人通过向被害人赔礼道歉、赔偿损失等方式获得被害人谅解；涉及赔偿损失的，应当写明赔偿的数额、方式等；提起附带民事诉讼的，由附带民事诉讼原告人撤回附带民事诉讼；

（四）被害人自愿和解，请求或者同意对犯罪嫌疑人依法从宽处罚。

和解协议应当及时履行。

第三百二十七条 对达成和解协议的案件，经县级以上公安机关负责人批准，公安机关将案件移送人民检察院审查起诉时，可以提出从宽处理的建议。

第三节　犯罪嫌疑人逃匿、死亡案件违法所得的没收程序

第三百二十八条 有下列情形之一，依照刑法规定应当追缴其违法所得及其他涉案财产的，经县级以上公安机关负责人批准，公安机关应当写出没收违

法所得意见书，连同相关证据材料一并移送同级人民检察院：

（一）恐怖活动犯罪等重大犯罪案件，犯罪嫌疑人逃匿，在通缉一年后不能到案的；

（二）犯罪嫌疑人死亡的。

犯罪嫌疑人死亡，现有证据证明其存在违法所得及其他涉案财产应当予以没收的，公安机关可以进行调查。公安机关进行调查，可以依法进行查封、扣押、查询、冻结。

第三百二十九条 没收违法所得意见书应当包括以下内容：

（一）犯罪嫌疑人的基本情况；

（二）犯罪事实和相关的证据材料；

（三）犯罪嫌疑人逃匿、被通缉或者死亡的情况；

（四）犯罪嫌疑人的违法所得及其他涉案财产的种类、数量、所在地；

（五）查封、扣押、冻结的情况等。

第三百三十条 公安机关将没收违法所得意见书移送人民检察院后，在逃的犯罪嫌疑人自动投案或者被抓获的，公安机关应当及时通知同级人民检察院。

第四节 依法不负刑事责任的精神病人的强制医疗程序

第三百三十一条 公安机关发现实施暴力行为，危害公共安全或者严重危害公民人身安全的犯罪嫌疑人，可能属于依法不负刑事责任的精神病人的，应当对其进行精神病鉴定。

第三百三十二条 对经法定程序鉴定依法不负刑事责任的精神病人，有继续危害社会可能，符合强制医疗条件的，公安机关应当在七日以内写出强制医疗意见书，经县级以上公安机关负责人批准，连同相关证据材料和鉴定意见一并移送同级人民检察院。

第三百三十三条 对实施暴力行为的精神病人，在人民法院决定强制医疗前，经县级以上公安机关负责人批准，公安机关可以采取临时的保护性约束措施。必要时，可以将其送精神病医院接受治疗。

第三百三十四条 采取临时的保护性约束措施时，应当对精神病人严加看管，并注意约束的方式、方法和力度，以避免和防止危害他人和精神病人的自身安全为限度。

对于精神病人已没有继续危害社会可能，解除约束后不致发生社会危险性的，公安机关应当及时解除保护性约束措施。

第十一章　办案协作

第三百三十五条　对异地公安机关提出协助调查、执行强制措施等协作请求，只要法律手续完备，协作地公安机关就应当及时无条件予以配合，不得收取任何形式的费用。

第三百三十六条　县级以上公安机关办理刑事案件需要异地公安机关协作的，应当制作办案协作函件。

负责协作的县级以上公安机关接到异地公安机关请求协作的函件后，应当指定主管业务部门办理。

第三百三十七条　对获取的犯罪线索，不属于自己管辖的，应当及时移交有管辖权的公安机关或者其他有关部门。

第三百三十八条　异地执行传唤、拘传，执行人员应当持传唤证、拘传证、办案协作函件和工作证件，与协作地县级以上公安机关联系，协作地公安机关应当协助将犯罪嫌疑人传唤、拘传到本市、县内的指定地点或者到犯罪嫌疑人的住处进行讯问。

第三百三十九条　异地执行拘留、逮捕的，执行人员应当持拘留证、逮捕证、办案协作函件和工作证件，与协作地县级以上公安机关联系，协作地公安机关应当派员协助执行。

第三百四十条　委托异地公安机关代为执行拘留、逮捕的，应当将拘留证、逮捕证、办案协作函件送达协作地公安机关。

已被决定拘留、逮捕的犯罪嫌疑人在逃的，可以通过网上工作平台发布犯罪嫌疑人相关信息、拘留证或者逮捕证。各地公安机关发现网上逃犯的，应当立即组织抓捕。

协作地公安机关抓获犯罪嫌疑人后，应当立即通知委托地公安机关。委托地公安机关应当立即携带法律文书及时提解，提解的侦查人员不得少于二人。

第三百四十一条　异地公安机关请求协查犯罪嫌疑人的身份、年龄、违法犯罪经历等情况的，协查地公安机关接到通知后应当在七日以内将协查结果通知请求协查的公安机关；交通十分不便的边远地区，应当在十五日以内将协查结果通知请求协查的公安机关。

异地公安机关请求协助调查取证或者查询犯罪信息、资料的，协作地公安机关应当及时协查并反馈。

第三百四十二条 需要异地办理查询、查封、扣押或者冻结与犯罪有关的财物、文件的，执行人员应当持相关的法律文书、办案协作函件和工作证件，与协作地县级以上公安机关联系，协作地公安机关应当协助执行。

在紧急情况下，可以将办案协作函件和相关的法律文书电传至协作地县级以上公安机关，协作地公安机关应当及时采取措施。委托地公安机关应当立即派员前往协作地办理。

第三百四十三条 对不履行办案协作职责造成严重后果的，对直接负责的主管人员和其他直接责任人员，应当给予行政处分；构成犯罪的，依法追究刑事责任。

第三百四十四条 协作地公安机关依照请求协作的公安机关的要求，履行办案协作职责所产生的法律责任，由请求协作的公安机关承担。

第十二章 外国人犯罪案件的办理

第三百四十五条 办理外国人犯罪案件，应当严格依照我国法律、法规、规章，维护国家主权和利益，并在对等互惠原则的基础上，履行我国所承担的国际条约义务。

第三百四十六条 外国籍犯罪嫌疑人在刑事诉讼中，享有我国法律规定的诉讼权利，并承担相应的义务。

第三百四十七条 外国籍犯罪嫌疑人的国籍，以其在入境时持用的有效证件予以确认；国籍不明的，由出入境管理部门协助予以查明。国籍确实无法查明的，以无国籍人对待。

第三百四十八条 确认外国籍犯罪嫌疑人身份，可以依照有关国际条约或者通过国际刑事警察组织、警务合作渠道办理。确实无法查明的，可以按其自报的姓名移送人民检察院审查起诉。

第三百四十九条 犯罪嫌疑人为享有外交或者领事特权和豁免权的外国人的，应当层报公安部，同时通报同级人民政府外事办公室，由公安部商请外交部通过外交途径办理。

第三百五十条 公安机关办理外国人犯罪案件使用中华人民共和国通用的语言文字。犯罪嫌疑人不通晓中国语言文字的，公安机关应当为他翻译。

第三百五十一条 外国人犯罪案件，由犯罪地的县级以上公安机关立案侦查。

第三百五十二条 外国人犯中华人民共和国缔结或者参加的国际条约规定的罪行后进入我国领域内的，由该外国人被抓获地的设区的市一级以上公安机关立案侦查。

第三百五十三条 外国人在中华人民共和国领域外的中国船舶或者航空器内犯罪的，由犯罪发生后该船舶或者航空器最初停泊或者降落地、目的地的中国港口的县级以上交通或民航公安机关或者该外国人居住地的县级以上公安机关立案侦查；未设交通或者民航公安机关的，由地方公安机关管辖。

第三百五十四条 外国人在国际列车上犯罪的，由犯罪发生后列车最初停靠的中国车站所在地、目的地的县级以上铁路公安机关或者该外国人居住地的县级以上公安机关立案侦查。

第三百五十五条 外国人在中华人民共和国领域外对中华人民共和国国家或者公民犯罪，应当受刑罚处罚的，由该外国人入境地或者入境后居住地的县级以上公安机关立案侦查；该外国人未入境的，由被害人居住地的县级以上公安机关立案侦查；没有被害人或者是对中华人民共和国国家犯罪的，由公安部指定管辖。

第三百五十六条 发生重大或者可能引起外交交涉的外国人犯罪案件的，有关省级公安机关应当及时将案件办理情况报告公安部，同时通报同级人民政府外事办公室。必要时，由公安部商外交部将案件情况通知我国驻外使馆、领事馆。

第三百五十七条 对外国籍犯罪嫌疑人依法作出取保候审、监视居住决定或者执行拘留、逮捕后，应当在四十八小时以内层报省级公安机关，同时通报同级人民政府外事办公室。

重大涉外案件应当在四十八小时以内层报公安部，同时通报同级人民政府外事办公室。

第三百五十八条 对外国籍犯罪嫌疑人依法作出取保候审、监视居住决定或者执行拘留、逮捕后，由省级公安机关根据有关规定，将其姓名、性别、入境时间、护照或者证件号码、案件发生的时间、地点，涉嫌犯罪的主要事实，已采取的强制措施及其法律依据等，通知该外国人所属国家的驻华使馆、领事馆，同时报告公安部。经省级公安机关批准，领事通报任务较重的副省级城市公安局可以直接行使领事通报职能。

外国人在公安机关侦查或者执行刑罚期间死亡的，有关省级公安机关应当通知该外国人国籍国的驻华使馆、领事馆，同时报告公安部。

未在华设立使馆、领事馆的国家，可以通知其代管国家的驻华使馆、领事馆；无代管国家或者代管国家不明的，可以不予通知。

第三百五十九条 外国籍犯罪嫌疑人委托辩护人的，应当委托在中华人民共和国的律师事务所执业的律师。

第三百六十条 公安机关侦查终结前，外国驻华外交、领事官员要求探视被监视居住、拘留、逮捕或者正在看守所服刑的本国公民的，应当及时安排有关探视事宜。犯罪嫌疑人拒绝其国籍国驻华外交、领事官员探视的，公安机关可以不予安排，但应当由其本人提出书面声明。

在公安机关侦查羁押期间，经公安机关批准，外国籍犯罪嫌疑人可以与其近亲属、监护人会见、与外界通信。

第三百六十一条 对判处独立适用驱逐出境刑罚的外国人，省级公安机关在收到人民法院的刑事判决书、执行通知书的副本后，应当指定该外国人所在地的设区的市一级公安机关执行。

被判处徒刑的外国人，主刑执行期满后应当执行驱逐出境附加刑的，省级公安机关在收到执行监狱的上级主管部门转交的刑事判决书、执行通知书副本或者复印件后，应当指定该外国人所在地的设区的市一级公安机关执行。

我国政府已按照国际条约或者《中华人民共和国外交特权与豁免条例》的规定，对实施犯罪，但享有外交或者领事特权和豁免权的外国人宣布为不受欢迎的人，或者不可接受并拒绝承认其外交或者领事人员身份，责令限期出境的人，无正当理由逾期不自动出境的，由公安部凭外交部公文指定该外国人所在地的省级公安机关负责执行或者监督执行。

第三百六十二条 办理外国人犯罪案件，本章未规定的，适用本规定其他各章的有关规定。

第三百六十三条 办理无国籍人犯罪案件，适用本章的规定。

第十三章　刑事司法协助和警务合作

第三百六十四条　公安部是公安机关进行刑事司法协助和警务合作的中央主管机关，通过有关国际条约、协议规定的联系途径、外交途径或者国际刑事警察组织渠道，接收或者向外国提出刑事司法协助或者警务合作请求。

地方各级公安机关依照职责分工办理刑事司法协助事务和警务合作事务。

其他司法机关在办理刑事案件中，需要外国警方协助的，由其中央主管机关与公安部联系办理。

第三百六十五条　公安机关进行刑事司法协助和警务合作的范围，主要包括犯罪情报信息的交流与合作，调查取证，送达刑事诉讼文书，移交物证、书证、视听资料或者电子数据等证据材料，引渡、缉捕和递解犯罪嫌疑人、被告人或者罪犯以及国际条约、协议规定的其他刑事司法协助和警务合作事宜。

第三百六十六条　在不违背有关国际条约、协议和我国法律的前提下，我国边境地区设区的市一级公安机关和县级公安机关与相邻国家的警察机关，可以按照惯例相互开展执法会晤、人员往来、边境管控、情报信息交流等警务合作，但应当报省级公安机关批准，并报公安部备案。

第三百六十七条　公安部收到外国的刑事司法协助或者警务合作请求后，应当依据我国法律和国际条约、协议的规定进行审查。对于符合规定的，交有关省级公安机关办理，或者移交其他有关中央主管机关；对于不符合条约或者协议规定的，通过接收请求的途径退回请求方。

第三百六十八条　负责执行刑事司法协助或者警务合作的公安机关收到请求书和所附材料后，应当按照我国法律和有关国际条约、协议的规定安排执行，并将执行结果及其有关材料报经省级公安机关审核后报送公安部。

在执行过程中，需要采取查询、查封、扣押、冻结等措施的，可以根据公安部的执行通知办理有关法律手续。

请求书提供的信息不准确或者材料不齐全难以执行的，应当立即通过省级公安机关报请公安部要求请求方补充材料；因其他原因无法执行或者具有应当拒绝协助、合作的情形等不能执行的，应当将请求书和所附材料，连同不能执行的理由通过省级公安机关报送公安部。

第三百六十九条　执行刑事司法协助和警务合作，请求书中附有办理期限的，应当按期完成。未附办理期限的，调查取证应当在三个月以内完成；送达刑事诉讼文书，应当在十日以内完成。不能按期完成的，应当说明情况和理由，层报公安部。

第三百七十条 需要请求外国警方提供刑事司法协助或者警务合作的，应当按照有关国际条约、协议的规定提出刑事司法协助或者警务合作请求书，所附文件及相应译文，经省级公安机关审核后报送公安部。

第三百七十一条 需要通过国际刑事警察组织缉捕犯罪嫌疑人、被告人或者罪犯、查询资料、调查取证的，应当提出申请层报国际刑事警察组织中国国家中心局。

第三百七十二条 公安机关提供或者请求外国提供刑事司法协助或者警务合作，应当收取或者支付费用的，根据有关国际条约、协议的规定，或者按照对等互惠的原则协商办理。

第三百七十三条 办理引渡案件，依照法律规定和有关条约执行。

第十四章 附 则

第三百七十四条 本规定所称“危害国家安全犯罪”，包括刑法分则第一章规定的危害国家安全罪以及危害国家安全的其他犯罪；“恐怖活动犯罪”，包括以制造社会恐慌、危害公共安全或者胁迫国家机关、国际组织为目的，采取暴力、破坏、恐吓等手段，造成或者意图造成人员伤亡、重大财产损失、公共设施损坏、社会秩序混乱等严重社会危害的犯罪，以及煽动、资助或者以其他方式协助实施上述活动的犯罪。

第三百七十五条 当事人及其法定代理人、诉讼代理人、辩护律师提出的复议复核请求，由公安机关法制部门办理。

第三百七十六条 本规定自2013年1月1日起施行。1998年5月14日发布的《公安机关办理刑事案件程序规定》（公安部令第35号）和2007年10月25日发布的《公安机关办理刑事案件程序规定修正案》（公安部令第95号）同时废止。

全面贯彻落实修改后刑事诉讼法 切实做到严格规范公正文明执法

——公安部法制局负责人就修订《公安机关办理刑事案件程序规定》以及贯彻实施修改后刑事诉讼法答记者问

为全面贯彻实施修改后刑事诉讼法，近日，公安部发布了修订后的《公安机关办理刑事案件程序规定》（以下简称《程序规定》）。为帮助公众更好地了解《程序规定》的出台背景、有关内容，以及公安机关贯彻实施修改后刑事诉讼法的有关情况，记者采访了公安部法制局局长孙茂利。

问：公安部修订《程序规定》，主要出于哪些考虑？

答：为保证公安机关正确贯彻执行修改后刑事诉讼法，公安部对1998年发布的原程序规定进行了全面修订。《程序规定》是公安机关贯彻刑事诉讼法的基本规则，是刑事诉讼法在公安侦查工作中的具体化，因其广泛涉及公民人身财产方面的核心权利，是公安部最重要的部门规章。在贯彻实施修改后刑事诉讼法工作中，修订《程序规定》是重中之重。

修订后的《程序规定》的颁布实施，对于确保公安机关正确贯彻执行修改后刑事诉讼法，规范公安刑事执法活动具有重要意义。一是落实党的十八大关于全面推进依法治国基本方略的重要举措。党的十八大提出法治是治国理政的基本方式，强调要切实做到严格规范公正文明执法。修订后的《程序规定》进一步强化了保障人权、规范执法的相关规定，以确保公安机关在宪法和法律规定范围内开展刑事执法活动，切实维护国家法制的尊严和权威。二是公安机关贯彻执行修改后刑事诉讼法的必然要求。修改后刑事诉讼法对刑事诉讼制度作了大范围的修改、完善，涉及辩护、证据、侦查、强制措施、刑罚执行等各个环节，对侦查工作影响重大而深远。相应地，《程序规定》必须进行全面修改，使之与法律保持一致。三是深化司法体制和工作机制改革的重要成果。近年来，为落实中央部署，公安部组织全国公安机关开展了执法规范化建设，持续改进和加强对执法活动的监督管理机制，通过修订《程序规定》，可以进一步巩固和深化司法体制和工作机制改革成果。四是完善公安机关刑事办案制度的现实需要。现行《程序规定》于1998年发布，十多年来，公安机关面临的犯罪形势、执法环境都发生了巨大变化，而原有的部分规定相对滞后，亟需修改、完善，使之适应新形势下保障公民权益、打击犯罪的需要。

问：此次修改刑事诉讼法在强调人权保障的同时，强化了打击犯罪的措施和手段。修订后的《程序规定》如何处理两者之间的关系？

答：在修订过程中，我们坚持保障人权与打击犯罪并重，努力实现公正与效率的平衡。一方面，全面落实"尊重和保障人权"这一宪法基本原则，在严格贯彻修改后刑事诉讼法有关当事人诉讼权利的各项规定基础上，提出了进一步明确要求。例如，规定传唤、拘传、讯问犯罪嫌疑人，都应当保证犯罪嫌疑人的饮食和必要的休息时间；明确了讯问应当录音录像的案件范围，对"录音或者录像应当全程进行"进行严格解释，要求"对每一次讯问全程不间断进行，保持完整性。不得选择性地录制，不得剪接、删改"；要求犯罪嫌疑人被送交看守所羁押以后，应当在看守所讯问室内进行讯问。另一方面，注重结合侦查工作实际对有关完善侦查权的规定作出进一步细化和明确，将法律规定切实转化为打击犯罪的战斗力。例如，完善了立撤案有关规定，增加了对在现场发现的犯罪嫌疑人，可以口头传唤的规定，明确了信息采集的相关要求等。

问：辩护权是犯罪嫌疑人、被告人的重要诉讼权利。修订后的《程序规定》在辩护制度方面作了哪些修改和完善？

答：修改后刑事诉讼法对辩护制度作了重大修改，对于保障犯罪嫌疑人、被告人的辩护人具有重要意义。《程序规定》在严格忠实于法律规定的基础上，明确了犯罪嫌疑人委托辩护人，听取辩护律师意见、核实辩护律师收集的证据以及告知辩护律师移送起诉情况等程序，修改了法律援助规定，取消了涉密案件委托辩护律师需要经过批准的规定。为保障律师会见权，强调"看守所应当在48小时以内安排律师会见到在押犯罪嫌疑人”，保证律师能够在法定期限内确实会见到在押犯罪嫌疑人。在修改后刑事诉讼法规定“不得监听”的基础上，进一步要求公安机关不得派员在场，保证会见权的充分实现；对于辩护人涉嫌犯罪案件的管辖，规定由办理辩护人所承办案件的公安机关报请上一级公安机关指定其他公安机关立案侦查，或者由上一级公安机关立案侦查，并要求不得指定原承办案件公安机关的下级公安机关立案侦查，以保证案件办理的公正性。

问：证据制度是刑事诉讼制度的核心。修改后刑事诉讼法对证据制度进行了重大调整，修订后的《程序规定》在这方面有什么变化？

答：根据修改后刑事诉讼法对证据制度所作的重大修改，《程序规定》对证据的收集、审查和排除非法证据等程序均作了进一步严格规定，力求通过严密办案程序提高民警的证据意识。为避免发生冤假错案，明确规定：“在侦查阶段发现有应当排除的证据的，经县级以上公安机关负责人批准，应当依法予以排除”，并明确了非法证据被排除后的法律效果，即“不得作为提请批准逮捕、移送审查起诉的依据”。为解决一些办案民警片面注重收集犯罪嫌疑人有罪供述，不注重收集其无罪、罪轻的申辩的问题，增加全面审查、记录犯罪嫌疑人供述的规定，要求对犯罪嫌疑人供述的犯罪事实、无罪或者罪轻的事实、申辩和反证，以及犯罪嫌疑人提供的证明自己无罪、罪轻的证据，公安机关应当认真核查并附卷。此外，根据修改后刑事诉讼法的规定，明确了侦查人员出庭作证的程序，对于人民法院认为现有证据材料不能证明证据收集的合法性，通知有关侦查人员或者其他人员出庭说明情况的，有关侦查人员或者其他人员应当出庭。

问：修改后刑事诉讼法完善了有关强制措施的适用条件和程序。修订后的《程序规定》做了哪些修改？

答：刑事强制措施对公民人身权利影响大，其适用条件、期限、程序等必须严格依照法律执行。我们在修订过程中，坚持严格遵照法律规定，确定强制措施的适用条件和程序，并细化了相应的执行措施，切实维护公民人身自由等相关权利。例如，为规范保证金管理，要求保证金应当存放在指定银行的设立取保候审保证金专门账户，由办案部门以外的部门管理，并规定“决定没收五万元以上保证金的，应当经设区的市一级以上公安机关负责人批准”；明确规定指定居所监视居住时，指定的居所必须具备正常的生活、休息条件，能够保证安全，并且不得在羁押场所、专门的办案场所或者办公场所执行监视居住，不得向被监视居住人收取任何费用；为保障强制措施执行后家属的知情权，明确规定，应当通知家属拘留、逮捕的原因和羁押处所，并对无法通知、有碍侦查的情形作了界定，同时进一步要求“无法通知、有碍侦查的情形消失以后，应当立即通知被拘留人的家属”；严格要求拘留、逮捕后，应当立即将被犯罪嫌疑人送看守所羁押，并在拘留证、逮捕证上注明犯罪嫌疑人到达看守所的时间。

问：修改后刑事诉讼法丰富了侦查措施，修订后的《程序规定》在规范侦查活动方面作了哪些修改？

答：修改后刑事诉讼法从打击犯罪的实际需要出发，进一步完善了侦查权。为落实法律的要求，修订后的《程序规定》对打击犯罪的手段作了进一步规范和细化。例如，根据执法实践需要，结合有关司法解释和规范性文件中管辖的规定，对犯罪行为发生地、犯罪结果发生地、涉及计算机信息系统犯罪的管辖等作了明确解释，对并案侦查案件范围和指定管辖的程序作出了规定，确保办案工作顺利开展；为了保障有关当事人合法的财产权益，进一步完善了查封、扣押、冻结程序，对查封规定了较为严格的审批程序，要求经县级以上公安机关负责人批准并制作查封决定书；同时对扣押作了更为严格的规定，区分不同情形，增加规定了相应的决定程序；规定对于冻结债券、股票、基金份额等财产，当事人或者其法定代理人、委托代理人有权申请出售，加强对有关当事人合法财产权益的保障。此外，修订后的《程序规定》设专节对技术侦查措施的适用作了规范，规定只有在立案后才能采取技术侦查措施，并要求必须由地市级以上公安机关严格审批，确保依法规范使用技术侦查措施。

问：修订后的《程序规定》如何体现强化侦查权监督的要求？

答：修订后的《程序规定》在加强公安机关内部执法监督，主动接受检察机关、当事人及其辩护人等诉讼参与人监督等方面提出了具体要求。例如，明确规定公安机关对有关当事人就侦查中可能存在的违法行为提出的申诉、控告，应当及时调查核实，发现存在违法行为的，立即纠正，并加强上级公安机关对下级公安机关的监督，规定上级公安机关发现下级公安机关存在违法行为或者对申诉、控告事项不按照规定处理的，应当责令限期纠正，从而强化内部监督制约机制。同时规定，对于检察机关就“羁押必要性”、证据合法性等提出的监督意见和建议，公安机关应当认真调查核实，发现问题的及时纠正处理。此外，为进一步完善当事人有关诉讼权利的救济渠道，统一了复议复核的程序和办理机构，规定对于不予立案、没收保证金、对保证人罚款等决定不服的，均可以向公安机关提出复议，以及向上一级公安机关提出复核，并要求有关复议复核请求统一由公安机关法制部门办理。

问：修改后刑事诉讼法将于 2013 年 1 月 1 日实施，为此，公安机关做了哪些准备工作？

答：公安机关高度重视修改后刑事诉讼法的贯彻实施工作。公安部专门下发有关通知，要求全国公安机关充分认识刑事诉讼法修改对推进公安刑事执法工作的重要意义，采取有效措施，抓好学习贯彻实施工作。同时，近年来，全国公安机关紧跟国家民主法治建设发展主线，大力开展执法规范化建设，为正确贯彻实施修改后刑事诉讼法打下了良好基础。

一是规范执法程序。为强化执法指引，我们本着规范与保障并重的原则，大力加强执法制度建设，务力实现执法程序流程化、执法裁量标准化、执法言行精细化。公安部出台了《公安机关执法细则》、《公安机关涉案财物管理规定》等规定，对重要执法环节作出具体规定。二是提高执法主体能力。为全面提高广大民警的执法能力，近年来各级公安机关开展了大规模的执法培训。公安部直接培训1.3万余名省、市、县级公安机关负责人和执法骨干。修改后刑事诉讼法通过后，公安部即举办全国公安机关学习刑事诉讼法专题电视电话讲座。为固化教育培训成果，公安部在全国公安机关建立并推行执法资格等级考试制度。目前，已组织170多万名民警完成了基本级考试，并正在组织开展中级考试，修改后刑事诉讼法已被纳入考试重要内容，以达到以考促学的目的。三是强化执法管理。近年来，公安机关积极探索建立系统化、实时化、常态化的执法管理体系。推行法制员制度，严格执法一线质量监控；建立执法办案信息系统，要求案件的主要执法环节都要依照法定程序在网上流转，以保障执法程序的严格遵守，执法监督的即时有效；改革执法质量考评制度，健全完善对执法工作的日常考评、动态考评。四是规范执法办案场所设置。自2009年以来，强化对执法办案场所规范化改造，以规范的执法环境引导、督促民警规范执法。将办案区隔离设置，并安装了覆盖全区域的电子监控设备以及讯问录音录像系统，将民警的执法行为置于实时监控之下，而这些要求与修改后刑事诉讼法的规定“不谋而合”，为执行好修改后刑事诉讼法打下了坚实的硬件基础。

问：修改后刑事诉讼法修改内容总计超过原内容的80%，《程序规定》也做了全面修订。为了保证法律和部门规章的贯彻执行，公安机关还有哪些后续措施？

答：修改后刑事诉讼法和《程序规定》实施在即，为切实贯彻执行好法律规定，下一步，我们将重点做好以下工作：一是继续加强学习培训，切实转变公安机关和广大民警的执法观念和侦查办案方式。我们将把修改后刑事诉讼法和修订后的《程序规定》作为公安机关各类培训的重点内容切实抓好，使广大民警牢固树立社会主义法治理念，把打击犯罪与保护人权、提高效率与实现公正有机统一起来，切实做到严格规范公正文明执法。同时，进一步转变侦查办案方式，坚持以收集证据作为侦查活动的中心，实现由“抓人破案”向“证据定案”的目标转变。二是对刑事诉讼法改动较大，需要对工作机制进行全面调整或者规定的内容，专门制定实施办法，如，查封、冻结措施的具体实施程序，讯问过程录音录像的具体办法等，并及时对有关规章和规范性文件进行清理。三是以贯彻实施修改后刑事诉讼法为契机，进一步深入推进执法规范化建设，特别是完善执法管理，强化执法办案场所规范使用，大力拓展执法信息化系统的规范和监督功能，提高刑事执法水平。

最高人民法院　最高人民检察院　公安部　国家安全部　司法部　全国人大常委会法制工作委员会
关于实施刑事诉讼法若干问题的规定

（2012 年 12 月 26 日）

一、管辖

1. 公安机关侦查刑事案件涉及人民检察院管辖的贪污贿赂案件时，应当将贪污贿赂案件移送人民检察院；人民检察院侦查贪污贿赂案件涉及公安机关管辖的刑事案件，应当将属于公安机关管辖的刑事案件移送公安机关。在上述情况中，如果涉嫌主罪属于公安机关管辖，由公安机关为主侦查，人民检察院予以配合；如果涉嫌主罪属于人民检察院管辖，由人民检察院为主侦查，公安机关予以配合。

2. 刑事诉讼法第二十四条中规定："刑事案件由犯罪地的人民法院管辖。"刑事诉讼法规定的"犯罪地"，包括犯罪的行为发生地和结果发生地。

3. 具有下列情形之一的，人民法院、人民检察院、公安机关可以在其职责范围内并案处理：

（一）一人犯数罪的；

（二）共同犯罪的；

（三）共同犯罪的犯罪嫌疑人、被告人还实施其他犯罪的；

（四）多个犯罪嫌疑人、被告人实施的犯罪存在关联，并案处理有利于查明案件事实的。

二、辩护与代理

4. 人民法院、人民检察院、公安机关、国家安全机关、监狱的现职人员，人民陪审员，外国人或者无国籍人，以及与本案有利害关系的人，不得担任辩护人。但是，上述人员系犯罪嫌疑人、被告人的监护人或者近亲属，犯罪嫌疑人、被告人委托其担任辩护人的，可以准许。无行为能力或者限制行为能力的人，不得担任辩护人。

一名辩护人不得为两名以上的同案犯罪嫌疑人、被告人辩护，不得为两名以上的未同案处理但实施的犯罪存在关联的犯罪嫌疑人、被告人辩护。

5. 刑事诉讼法第三十四条、第二百六十七条、第二百八十六条对法律援助作了规定。对于人民法院、人民检察院、公安机关根据上述规定，通知法律援助机构指派律师提供辩护或者法律帮助的，法律援助机构应当在接到通知后三日以内指派律师，并将律师的姓名、单位、联系方式书面通知人民法院、人民检察院、公安机关。

6. 刑事诉讼法第三十六条规定："辩护律师在侦查期间可以为犯罪嫌疑人提供法律帮助；代理申诉、控告；申请变更强制措施；向侦查机关了解犯罪嫌疑人涉嫌的罪名和案件有关情况，提出意见。"根据上述规定，辩护律师在侦查期间可以向侦查机关了解犯罪嫌疑人涉嫌的罪名及当时已查明的该罪的主要事实，犯罪嫌疑人被采取、变更、解除强制措施的情况，侦查机关延长侦查羁押期限等情况。

7. 刑事诉讼法第三十七条第二款规定："辩护律师持律师执业证书、律师事务所证明和委托书或者法律援助公函要求会见在押的犯罪嫌疑人、被告人的，看守所应当及时安排会见，至迟不得超过四十八小时。"根据上述规定，辩护律师要求会见在押的犯罪嫌疑人、被告人的，看守所应当及时安排会见，保证辩护律师在四十八小时以内见到在押的犯罪嫌疑人、被告人。

8. 刑事诉讼法第四十一条第一款规定："辩护律师经证人或者其他有关单位和个人同意，可以向他们收集与本案有关的材料，也可以申请人民检察院、人民法院收集、调取证据，或者申请人民法院通知证人出庭作证。"对于辩护律师申请人民检察院、人民法院收集、调取证据，人民检察院、人民法院认为需要调查取证的，应当由人民检察院、人民法院收集、调取证据，不得向律师签发准许调查决定书，让律师收集、调取证据。

9. 刑事诉讼法第四十二条第二款中规定：“违反前款规定的，应当依法追究法律责任，辩护人涉嫌犯罪的，应当由办理辩护人所承办案件的侦查机关以外的侦查机关办理。”根据上述规定，公安机关、人民检察院发现辩护人涉嫌犯罪，或者接受报案、控告、举报、有关机关的移送，依照侦查管辖分工进行审查后认为符合立案条件的，应当按照规定报请办理辩护人所承办案件的侦查机关的上一级侦查机关指定其他侦查机关立案侦查，或者由上一级侦查机关立案侦查。不得指定办理辩护人所承办案件的侦查机关的下级侦查机关立案侦查。

10. 刑事诉讼法第四十七条规定：“辩护人、诉讼代理人认为公安机关、人民检察院、人民法院及其工作人员阻碍其依法行使诉讼权利的，有权向同级或者上一级人民检察院申诉或者控告。人民检察院对申诉或者控告应当及时进行审查，情况属实的，通知有关机关予以纠正。”人民检察院受理辩护人、诉讼代理人的申诉或者控告后，应当在十日以内将处理情况书面答复提出申诉或者控告的辩护人、诉讼代理人。

三、证据

11. 刑事诉讼法第五十六条第一款规定：“法庭审理过程中，审判人员认为可能存在本法第五十四条规定的以非法方法收集证据情形的，应当对证据收集的合法性进行法庭调查。”法庭经对当事人及其辩护人、诉讼代理人提供的相关线索或者材料进行审查后，认为可能存在刑事诉讼法第五十四条规定的以非法方法收集证据情形的，应当对证据收集的合法性进行法庭调查。法庭调查的顺序由法庭根据案件审理情况确定。

12. 刑事诉讼法第六十二条规定，对证人、鉴定人、被害人可以采取“不公开真实姓名、住址和工作单位等个人信息”的保护措施。人民法院、人民检察院和公安机关依法决定不公开证人、鉴定人、被害人的真实姓名、住址和工作单位等个人信息的，可以在判决书、裁定书、起诉书、询问笔录等法律文书、证据材料中使用化名等代替证人、鉴定人、被害人的个人信息。但是，应当书面说明使用化名的情况并标明密级，单独成卷。辩护律师经法庭许可，查阅对证人、鉴定人、被害人使用化名情况的，应当签署保密承诺书。

四、强制措施

13. 被取保候审、监视居住的犯罪嫌疑人、被告人无正当理由不得离开所居住的市、县或者执行监视居住的处所，有正当理由需要离开所居住的市、县或者执行监视居住的处所，应当经执行机关批准。如果取保候审、监视居住是由人民检察院、人民法院决定的，执行机关在批准犯罪嫌疑人、被告人离开所居住的市、县或者执行监视居住的处所前，应当征得决定机关同意。

14. 对取保候审保证人是否履行了保证义务，由公安机关认定，对保证人的罚款决定，也由公安机关作出。

15. 指定居所监视居住的，不得要求被监视居住人支付费用。

16. 刑事诉讼法规定，拘留由公安机关执行。对于人民检察院直接受理的案件，人民检察院作出的拘留决定，应当送达公安机关执行，公安机关应当立即执行，人民检察院可以协助公安机关执行。

17. 对于人民检察院批准逮捕的决定，公安机关应当立即执行，并将执行回执及时送达批准逮捕的人民检察院。如果未能执行，也应当将回执送达人民检察院，并写明未能执行的原因。对于人民检察院决定不批准逮捕的，公安机关在收到不批准逮捕决定书后，应当立即释放在押的犯罪嫌疑人或者变更强制措施，并将执行回执在收到不批准逮捕决定书后的三日内送达作出不批准逮捕决定的人民检察院。

五、立案

18. 刑事诉讼法第一百一十一条规定："人民检察院认为公安机关对应当立案侦查的案件而不立案侦查的，或者被害人认为公安机关对应当立案侦查的案件而不立案侦查，向人民检察院提出的，人民检察院应当要求公安机关说明不立案的理由。人民检察院认为公安机关不立案理由不能成立的，应当通知公安机关立案，公安机关接到通知后应当立案。"根据上述规定，公安机关收到人民检察院要求说明不立案理由通知书后，应当在七日内将说明情况书面答复人民检察院。人民检察院认为公安机关不立案理由不能成立，发出通知立案书时，应当将有关证明应当立案的材料同时移送公安机关。公安机关收到通知立案书后，应当在十五日内决定立案，并将立案决定书送达人民检察院。

六、侦查

19. 刑事诉讼法第一百二十一条第一款规定：“侦查人员在讯问犯罪嫌疑人的时候，可以对讯问过程进行录音或者录像；对于可能判处无期徒刑、死刑的案件或者其他重大犯罪案件，应当对讯问过程进行录音或者录像。”侦查人员对讯问过程进行录音或者录像的，应当在讯问笔录中注明。人民检察院、人民法院可以根据需要调取讯问犯罪嫌疑人的录音或者录像，有关机关应当及时提供。

20. 刑事诉讼法第一百四十九条中规定：“批准决定应当根据侦查犯罪的需要，确定采取技术侦查措施的种类和适用对象。”采取技术侦查措施收集的材料作为证据使用的，批准采取技术侦查措施的法律文书应当附卷，辩护律师可以依法查阅、摘抄、复制，在审判过程中可以向法庭出示。

21. 公安机关对案件提请延长羁押期限的，应当在羁押期限届满七日前提出，并书面呈报延长羁押期限案件的主要案情和延长羁押期限的具体理由，人民检察院应当在羁押期限届满前作出决定。

22. 刑事诉讼法第一百五十八条第一款规定：“在侦查期间，发现犯罪嫌疑人另有重要罪行的，自发现之日起依照本法第一百五十四条的规定重新计算侦查羁押期限。”公安机关依照上述规定重新计算侦查羁押期限的，不需要经人民检察院批准，但应当报人民检察院备案，人民检察院可以进行监督。

七、提起公诉

23. 上级公安机关指定下级公安机关立案侦查的案件，需要逮捕犯罪嫌疑人的，由侦查该案件的公安机关提请同级人民检察院审查批准；需要提起公诉的，由侦查该案件的公安机关移送同级人民检察院审查起诉。

人民检察院对于审查起诉的案件，按照刑事诉讼法的管辖规定，认为应当由上级人民检察院或者同级其他人民检察院起诉的，应当将案件移送有管辖权的人民检察院。人民检察院认为需要依照刑事诉讼法的规定指定审判管辖的，应当协商同级人民法院办理指定管辖有关事宜。

24. 人民检察院向人民法院提起公诉时，应当将案卷材料和全部证据移送人民法院，包括犯罪嫌疑人、被告人翻供的材料，证人改变证言的材料，以及对犯罪嫌疑人、被告人有利的其他证据材料。

八、审判

25. 刑事诉讼法第一百八十一条规定："人民法院对提起公诉的案件进行审查后，对于起诉书中有明确的指控犯罪事实的，应当决定开庭审判。"对于人民检察院提起公诉的案件，人民法院都应当受理。人民法院对提起公诉的案件进行审查后，对于起诉书中有明确的指控犯罪事实并且附有案卷材料、证据的，应当决定开庭审判，不得以上述材料不充足为由而不开庭审判。如果人民检察院移送的材料中缺少上述材料的，人民法院可以通知人民检察院补充材料，人民检察院应当自收到通知之日起三日内补送。

人民法院对提起公诉的案件进行审查的期限计入人民法院的审理期限。

26. 人民法院开庭审理公诉案件时，出庭的检察人员和辩护人需要出示、宣读、播放已移交人民法院的证据的，可以申请法庭出示、宣读、播放。

27. 刑事诉讼法第三十九条规定："辩护人认为在侦查、审查起诉期间公安机关、人民检察院收集的证明犯罪嫌疑人、被告人无罪或者罪轻的证据材料未提交的，有权申请人民检察院、人民法院调取。"第一百九十一条第一款规定："法庭审理过程中，合议庭对证据有疑问的，可以宣布休庭，对证据进行调查核实。"第一百九十二条第一款规定："法庭审理过程中，当事人和辩护人、诉讼代理人有权申请通知新的证人到庭，调取新的物证，申请重新鉴定或者勘验。"根据上述规定，自案件移送审查起诉之日起，人民检察院可以根据辩护人的申请，向公安机关调取未提交的证明犯罪嫌疑人、被告人无罪或者罪轻的证据材料。在法庭审理过程中，人民法院可以根据辩护人的申请，向人民检察院调取未提交的证明被告人无罪或者罪轻的证据材料，也可以向人民检察院调取需要调查核实的证据材料。公安机关、人民检察院应当自收到要求调取证据材料决定书后三日内移交。

28. 人民法院依法通知证人、鉴定人出庭作证的，应当同时将证人、鉴定人出庭通知书送交控辩双方，控辩双方应当予以配合。

29. 刑事诉讼法第一百八十七条第三款规定："公诉人、当事人或者辩护人、诉讼代理人对鉴定意见有异议，人民法院认为鉴定人有必要出庭的，鉴定人应当出庭作证。经人民法院通知，鉴定人拒不出庭作证的，鉴定意见不得作为定案的根据。"根据上述规定，依法应当出庭的鉴定人经人民法院通知未出庭作证的，鉴定意见不得作为定案的根据。鉴定人由于不能抗拒的原因或者有其他正当理由无法出庭的，人民法院可以根据案件审理情况决定延期审理。

30. 人民法院审理公诉案件，发现有新的事实，可能影响定罪的，人民检察院可以要求补充起诉或者变更起诉，人民法院可以建议人民检察院补充起诉或者变更起诉。人民法院建议人民检察院补充起诉或者变更起诉的，人民检察院应当在七日以内回复意见。

31. 法庭审理过程中，被告人揭发他人犯罪行为或者提供重要线索，人民检察院认为需要进行查证的，可以建议补充侦查。

32. 刑事诉讼法第二百零三条规定："人民检察院发现人民法院审理案件违反法律规定的诉讼程序，有权向人民法院提出纠正意见。"人民检察院对违反法定程序的庭审活动提出纠正意见，应当由人民检察院在庭审后提出。

九、执行

33. 刑事诉讼法第二百五十四条第五款中规定："在交付执行前，暂予监外执行由交付执行的人民法院决定。"对于被告人可能被判处拘役、有期徒刑、无期徒刑，符合暂予监外执行条件的，被告人及其辩护人有权向人民法院提出暂予监外执行的申请，看守所可以将有关情况通报人民法院。人民法院应当进行审查，并在交付执行前作出是否暂予监外执行的决定。

34. 刑事诉讼法第二百五十七条第三款规定："不符合暂予监外执行条件的罪犯通过贿赂等非法手段被暂予监外执行的，在监外执行的期间不计入执行刑期。罪犯在暂予监外执行期间脱逃的，脱逃的期间不计入执行刑期。"对于人民法院决定暂予监外执行的罪犯具有上述情形的，人民法院在决定予以收监的同时，应当确定不计入刑期的期间。对于监狱管理机关或者公安机关决定暂予监外执行的罪犯具有上述情形的，罪犯被收监后，所在监狱或者看守所应当及时向所在地的中级人民法院提出不计入执行刑期的建议书，由人民法院审核裁定。

35. 被决定收监执行的社区矫正人员在逃的，社区矫正机构应当立即通知公安机关，由公安机关负责追捕。

十、涉案财产的处理

36. 对于依照刑法规定应当追缴的违法所得及其他涉案财产，除依法返还被害人的财物以及依法销毁的违禁品外，必须一律上缴国库。查封、扣押的涉案财产，依法不移送的，待人民法院作出生效判决、裁定后，由人民法院通知查封、扣押机关上缴国库，查封、扣押机关应当向人民法院送交执行回单；冻结在金融机构的违法所得及其他涉案财产，待人民法院作出生效判决、裁定后，由人民法院通知有关金融机构上缴国库，有关金融机构应当向人民法院送交执行回单。

对于被扣押、冻结的债券、股票、基金份额等财产，在扣押、冻结期间权利人申请出售，经扣押、冻结机关审查，不损害国家利益、被害人利益，不影响诉讼正常进行的，以及扣押、冻结的汇票、本票、支票的有效期即将届满的，可以在判决生效前依法出售或者变现，所得价款由扣押、冻结机关保管，并及时告知当事人或者其近亲属。

37. 刑事诉讼法第一百四十二条第一款中规定："人民检察院、公安机关根据侦查犯罪的需要，可以依照规定查询、冻结犯罪嫌疑人的存款、汇款、债券、股票、基金份额等财产。"根据上述规定，人民检察院、公安机关不能扣划存款、汇款、债券、股票、基金份额等财产。对于犯罪嫌疑人、被告人死亡，依照刑法规定应当追缴其违法所得及其他涉案财产的，适用刑事诉讼法第五编第三章规定的程序，由人民检察院向人民法院提出没收违法所得的申请。

38. 犯罪嫌疑人、被告人死亡，现有证据证明存在违法所得及其他涉案财产应当予以没收的，公安机关、人民检察院可以进行调查。公安机关、人民检察院进行调查，可以依法进行查封、扣押、查询、冻结。

人民法院在审理案件过程中，被告人死亡的，应当裁定终止审理；被告人脱逃的，应当裁定中止审理。人民检察院可以依法另行向人民法院提出没收违法所得的申请。

39. 对于人民法院依法作出的没收违法所得的裁定，犯罪嫌疑人、被告人的近亲属和其他利害关系人或者人民检察院可以在五日内提出上诉、抗诉。

十一、其他

40. 刑事诉讼法第一百四十七条规定："对犯罪嫌疑人作精神病鉴定的期间不计入办案期限。"根据上述规定，犯罪嫌疑人、被告人在押的案件，除对犯罪嫌疑人、被告人的精神病鉴定期间不计入办案期限外，其他鉴定期间都应当计入办案期限。对于因鉴定时间较长，办案期限届满仍不能终结的案件，自期限届满之日起，应当对被羁押的犯罪嫌疑人、被告人变更强制措施，改为取保候审或者监视居住。

国家安全机关依照法律规定，办理危害国家安全的刑事案件，适用本规定中有关公安机关的规定。

本规定自2013年1月1日起施行。1998年1月19日发布的《最高人民法院、最高人民检察院、公安部、国家安全部、司法部、全国人大常委会法制工作委员会关于刑事诉讼法实施中若干问题的规定》同时废止。

解读——

最高人民法院等六部委《关于实施刑事诉讼法若干问题的规定》

黄 永*

2012年刑事诉讼法修改后，全国人大常委会法工委会同最高人民法院等共六个部委于1998年发布的《关于刑事诉讼法实施中若干问题的规定》的有关内容，有的经进一步完善纳入了刑事诉讼法，有的与新刑事诉讼法不再适应而需要修改或者废止。另外，随着一些新的诉讼制度安排，又出现了一些新的涉及多个部门职责及有关程序的互涉问题。在研究修改和制定相关司法解释、规范性文件的过程中，六部委重新做了规定，于2012年12月26日联合发布。为便于各方面准确理解和掌握，现对本规定作简要解读。

一、管辖

1. 公安机关侦查刑事案件涉及人民检察院管辖的贪污贿赂案件时，应当将贪污贿赂案件移送人民检察院；人民检察院侦查贪污贿赂案件涉

* 作者单位：全国人大常委会法制工作委员会刑法室。

及公安机关管辖的刑事案件，应当将属于公安机关管辖的刑事案件移送公安机关。在上述情况中，如果涉嫌主罪属于公安机关管辖，由公安机关为主侦查，人民检察院予以配合；如果涉嫌主罪属于人民检察院管辖，由人民检察院为主侦查，公安机关予以配合。

【解析】刑事诉讼法第十八条对刑事案件的侦查职能管辖作了规定。但实践中也有公安机关、检察机关在侦查各自管辖案件时发现案件应由对方管辖的情况，比如一个犯罪嫌疑人同时涉嫌受贿罪和伤害罪等。对于这类情况，首先应当根据刑事诉讼法的规定分别确定各个案件应由公安机关侦查还是由检察机关侦查，并将相关犯罪移送给相应主管机关进行侦查。如果两罪有轻重区别，也可确定一个机关为主侦查，另一个机关予以配合。但为主侦查的机关主要是沟通协调两个机关的工作，不能代替另一机关的工作。如果检察院需要直接立案侦查应由公安机关管辖的关联案件，应当经省级以上人民检察院决定。

2. 刑事诉讼法第二十四条中规定："刑事案件由犯罪地的人民法院管辖。"刑事诉讼法规定的"犯罪地"，包括犯罪的行为发生地和结果发生地。

【解析】刑事诉讼法规定了审判的地域管辖，侦查机关、审查起诉机关也相应按照审判管辖的规定确定办理案件的分工。这里所说的"犯罪的行为发生地"，是指全部或者部分犯罪行为发生的地点，包括犯罪预谋或准备地、实施地、生产销售地、网络接入地、网站建立或管理地等。"犯罪的结果发生地"，是指全部或者部分犯罪结果发生的地点，包括伤亡发生地、财产损失地、犯罪分子实际取得财产地等。如果"行为发生地"和"结果发生地"不是一个地方，任何一地的法院都有案件管辖权。实际由哪个法院审理，根据刑事诉讼法第二十五条的规定确定，或根据第二十四条的规定移送犯罪地之外的被告人居住地审理，或根据第二十六的规定指定其他法院审判。

3. 具有下列情形之一的，人民法院、人民检察院、公安机关可以在其职责范围内并案处理：

（一）一人犯数罪的；

（二）共同犯罪的；

（三）共同犯罪的犯罪嫌疑人、被告人还实施其他犯罪的；

（四）多个犯罪嫌疑人、被告人实施的犯罪存在关联，并案处理有利于查明案件事实的。

【解析】为实行数罪并罚、准确认定主从犯、提高诉讼效率、查明案情等，本条规定了四种并案处理的情形。其中第三项是指犯罪嫌疑人、被告人超出共同犯意实施了其他犯罪的情况。第四项是指犯罪嫌疑人、被告人的犯罪与其他人的犯罪存在目的、手段、结果方面的牵连关系。比如，洗钱与毒品、贪污贿赂、走私等上游犯罪；盗窃与代为销赃或者窝藏、包庇犯罪等。应当注意的是，公检法只能在自己的系统内部对正在办理的案件进行并案处理，不能违反职能管辖的规定。

二、辩护与代理

4. 人民法院、人民检察院、公安机关、国家安全机关、监狱的现职人员，人民陪审员，外国人或者无国籍人，以及与本案有利害关系的人，不得担任辩护人。但是，上述人员系犯罪嫌疑人、被告人的监护人或者近亲属，犯罪嫌疑人、被告人委托其担任辩护人的，可以准许。无行为能力或者限制行为能力的人，不得担任辩护人。

一名辩护人不得为两名以上的同案犯罪嫌疑人、被告人辩护，不得为两名以上的未同案处理但实施的犯罪存在关联的犯罪嫌疑人、被告人辩护。

【解析】本条是对担任辩护人的禁止性规定。一是有例外的禁止，包括：（1）司法人员。目的是防止司法人员及人民陪审员以权谋私，妨害司法的公平、公正。（2）外国人、无国籍人。（3）与本案有利害关系的人。目的是防止他们为自己的利益行使辩护权，损害犯罪嫌疑人、被告人的利益。这三种情况有一个例外，就是上述人员系犯罪嫌疑人、被告人的监护人或者近亲属的，可以担任辩护人。第二类是绝对的禁止，包括：（1）无行为能力或者限制行为能力的人。这是为保障辩护人有进行辩护活动的学识和工作能力。（2）一名律师不得在同一案件中为两名以上的犯罪嫌疑人、被告人辩护。这是为了维护两个以上犯罪嫌疑人、被告人的利益，防止出现协同串供、勾兑案件事实、牺牲其中一人利益等情形。（3）不得为两名以上的未同案处理但实施的犯罪存在关联的犯罪嫌疑人、被告人辩护。主要是指共同犯罪的被告人被分案审理、具有牵连关系的犯罪被分案处理等情形。

5. 刑事诉讼法第三十四条、第二百六十七条、第二百八十六条对法律援助作了规定。对于人民法院、人民检察院、公安机关根据上述规定，通知法律援助机构指派律师提供辩护或者法律帮助的，法律援助机构应当在接到通知后三日以内指派律师，并将律师的姓名、单位、联系方式书面通知人民法院、人民检察院、公安机关。

【解析】这是法律援助机构与公检法机关工作衔接性规定。一是确定了法律援助机构指派律师的期限为接到公检法机关通知后的“三日内”，包括确定律师所需的时间。二是规定法律援助机构应当将指定的律师的姓名、单位、联系方式书面通知公检法机关，这一工作也应当在三日内完成。在进行上述工作时，法律援助机构不再对是否符合法律援助条件进行审查。律师接到法律援助机构的通知后，就可以马上办理有关手续，开展各项工作了。

6. 刑事诉讼法第三十六条规定：“辩护律师在侦查期间可以为犯罪嫌疑人提供法律帮助；代理申诉、控告；申请变更强制措施；向侦查机关了解犯罪嫌疑人涉嫌的罪名和案件有关情况，提出意见。”根据上述规定，辩护律师在侦查期间可以向侦查机关了解犯罪嫌疑人涉嫌的罪名及当时已查明的该罪的主要事实，犯罪嫌疑人被采取、变更、解除强制措施的情况，侦查机关延长侦查羁押期限等情况。

【解析】从既要保障律师依法履行辩护职责，又不影响侦查机关的诉讼活动的精神出发，辩护律师可以了解四种情况：（1）涉嫌的罪名。即侦查机关立案侦查的罪名。（2）当时已查明的该罪的主要事实。“已查明”是指已有相关证据证明，而不是尚在怀疑和推测之中。“主要事实”是指犯罪构成要件事实和自首、认罪或立功等量刑情节。（3）犯罪嫌疑人被采取、变更、解除强制措施的情况。（4）侦查机关延长侦查羁押期限等情况。在不影响侦查活动的情况下，侦查机关可以根据案件的具体情况给辩护律师提供更多的情况。另外，根据本条规定，辩护律师在侦查阶段只能了解案件有关情况，不能查阅侦查案卷和证据。

7. 刑事诉讼法第三十七条第二款规定：“辩护律师持律师执业证书、律师事务所证明和委托书或者法律援助公函要求会见在押的犯罪嫌疑人、被告人的，看守所应当及时安排会见，至迟不得超过四十八小时。”根据上述规定，辩护律师要求会见在押的犯罪嫌疑人、被告人的，看守所应当及时安排会见，保证辩护律师在四十八小时以内见到在押的犯罪嫌疑人、被告人。

【解析】本条进一步明确刑事诉讼法第三十七条规定的“及时安排会见”包括二种情况：一是，一般情况下应立即让律师进行会见；二是，具有侦查人员正在讯问等不能立即安排会见的特殊情况，也要立即作出会见安排，并将会见时间告知律师。这时就要遵守“至迟不得超过四十八小时”的规定，也就是保证辩护律师在四十八小时内“见到”在押的犯罪嫌疑人、被告人。但是，不能都快到四十八小时才安排会见，能够会见的就应立即安排律师进行会见，不能无合理理由地拖延。

8. 刑事诉讼法第四十一条第一款规定：“辩护律师经证人或者其他有关单位和个人同意，可以向他们收集与本案有关的材料，也可以申请人民检察院、人民法院收集、调取证据，或者申请人民法院通知证人出庭作证。”对于辩护律师申请人民检察院、人民法院收集、调取证据，人民检察院、人民法院认为需要调查取证的，应当由人民检察院、人民法院收集、调取证据，不得向律师签发准许调查决定书，让律师收集、调取证据。

【解析】根据本条规定，辩护律师申请法院、检察院收集、调取证据的，检察院、法院应当自己依职权直接调查取证。不得向律师签发准许调查决定书，让律师收集、调取证据，律师持检察院、法院签发的准许调查决定书收集、调取证据的，有关单位和个人可以拒绝提供。但辩护律师申请检察院、法院收集、调取证据，并不以有关单位和个人拒绝提供为前提。对于是否需要收集、调取证据，由检察院、法院根据案件情况决定，经审查与定罪量刑无关的，检察院、法院也可以不进行收集和调取。

9. 刑事诉讼法第四十二条第二款中规定：“违反前款规定的，应当依法追究法律责任，辩护人涉嫌犯罪的，应当由办理辩护人所承办案件的侦查机关以外的侦查机关办理。”根据上述规定，公安机关、人民检察院发现辩护人涉嫌犯罪，或者接受报案、控告、举报、有关机关的移送，依照侦查管辖分工进行审查后认为符合立案条件的，应当按照规定报请办理辩护人所承办案件的侦查机关的上一级侦查机关指定其他侦查机关立案侦查，或者由上一级侦查机关立案侦查。不得指定办理辩护人所承办案件的侦查机关的下级侦查机关立案侦查。

【解析】本条规定包含以下几层意思：一是，对于辩护律师涉嫌伪证罪的，由办理辩护人承办案件的公安机关、检察院审查是否符合立案条件。不过，对辩护律师提供证据不实但不是有意伪造证据等不符合立案条件的，不能动辄就按伪证罪立案侦查，或以报请上级机关指定侦查为由拖延律师参加诉讼。二是“所承办案件的侦查机关以外的侦查机关”是指异地的侦查机关。具体是公安机关还是检察院，根据案件的性质确定。三是，对于具体由哪一个异地的侦查机关进行侦查，不能由办理辩护人所承办案件的侦查机关自己决定，而是应当报请他的上一级侦查机关指定。四是，最终进行侦查活动的机关不能是办理辩护人所承办案件的侦查机关的下级侦查机关。上一级公安机关也可以决定自己直接立案侦查，不再指定其他公安机关侦查。

10. 刑事诉讼法第四十七条规定：“辩护人、诉讼代理人认为公安机关、人民检察院、人民法院及其工作人员阻碍其依法行使诉讼权利的，有权向同级或者上一级人民检察院申诉或者控告。人民检察院对申诉或者控告应当及时进行审查，情况属实的，通知有关机关予以纠正。”人民检察院受理辩护人、诉讼代理人的申诉或者控告后，应当在十日以内将处理情况书面答复提出申诉或者控告的辩护人、诉讼代理人。

【解析】根据本条规定，检察院受理辩护人、诉讼代理人申诉控告后的处理时限是“十日内”，这是检察院答复辩护人、诉讼代理人的最长时限，自检察院受理辩护人、诉讼代理人的申诉或者控告之日开始起算。这样规定有利于督促检察院尽快工作，维护辩护人、诉讼代理人的诉讼权利。其次，答复的形式是“书面答复”，不能以口头或者其他方式答复。对于尚没有处理结果，还需要进行审查的，也应当在十日以内书面答复辩护人、诉讼代理人有关情况，并且不停止有关工作，不能敷衍了事。

三、证据

11. 刑事诉讼法第五十六条第一款规定：“法庭审理过程中，审判人员认为可能存在本法第五十四条规定的以非法方法收集证据情形的，应当对证据收集的合法性进行法庭调查。”法庭经对当事人及其辩护人、诉讼代理人提供的相关线索或者材料进行审查后，认为可能存在刑事诉讼法第五十四条规定的以非法方法收集证据情形的，应当对证据收集的合法性进行法庭调查。法庭调查的顺序由法庭根据案件审理情况确定。

【解析】根据本条规定，只有经审判人员初步审查认为存在刑事诉讼法第五十四条规定情形的，才进行合法性调查，并不是所有申请都会进行合法性调查。其次，法庭调查的顺序由法庭根据具体审理情况确定。法庭可以决定立即停止原法庭调查进入证据合法性调查程序；也可以不启动专门的调查程序而在法庭调查过程中对该证据的合法性进行审查；还可以决定先对没有被申请排除的其他证据进行质证，然后再对该证据的合法性进行调查。但在确定证据为合法证据之前，因该证据是否能作为证据使用尚未确定，一般应当停止对该证据客观性、真实性的质证、查证。即使排除非法证据申请是在庭前会议中提出的，审判人员也不能在庭审前就对是否排除该证据作出决定。

12. 刑事诉讼法第六十二条规定，对证人、鉴定人、被害人可以采取“不公开真实姓名、住址和工作单位等个人信息”的保护措施。人民法院、人民检察院和公安机关依法决定不公开证人、鉴定人、被害人的真实姓名、住址和工作单位等个人信息的，可以在判决书、裁定书、起诉书、询问笔录等法律文书、证据材料中使用化名等代替证人、鉴定人、被害人的个人信息。但是，应当书面说明使用化名的情况并标明密级，单独成卷。辩护律师经法庭许可，查阅对证人、鉴定人、被害人使用化名情况的，应当签署保密承诺书。

【解析】对于如何采取“不公开真实姓名、住址和工作单位等个人信息”的保护措施，本条规定了四方面内容：一是可以使用化名。主要是在“判决书、裁定书、起诉书”等应当向社会公开的法律文书、以及“询问笔录”等允许辩护人进行查阅、摘抄、复制的证据材料中使用。化名应具有非特指性，能有效消除证人、鉴定人、被害人的个人信息特征，避免他人通过化名推测出证人、鉴定人、被害人的真实姓名。二是司法机关要做好使用化名情况记录。记录应采取书面形式，并标明密级，单独成卷，确保化名与真实姓名的对应性，为随时质证和核查做好准备。这些单独成卷的卷宗属于国家秘密，与办理案件无关的人员不得查阅。办案人员进行查阅，也应当遵守有关保密规定。三是辩护律师只能在审判阶段查阅，在侦查和审查起诉阶段不能查阅。四是辩护律师的查阅，要经法庭许可，且要签署保密承诺书。此外，对使用了化名的证人、鉴定人、被害人，法庭审判中也应当使用其化名，并视情况采取不暴露外貌、真实声音等出庭作证措施。

四、强制措施

13. 被取保候审、监视居住的犯罪嫌疑人、被告人无正当理由不得离开所居住的市、县或者执行监视居住的处所，有正当理由需要离开所居住的市、县或者执行监视居住的处所，应当经执行机关批准。如果取保候审、监视居住是由人民检察院、人民法院决定的，执行机关在批准犯罪嫌疑人、被告人离开所居住的市、县或者执行监视居住的处所前，应当征得决定机关同意。

【解析】本条是被取保候审、监视居住人离开的批准程序的规定。包括两方面内容：一是都应当经执行机关批准。执行机关应该从其逃离、再犯罪的危险性以及申请事由的性质等考虑是否批准。二是对于检察院、法院决定的取保候审、监视居住，执行机关在批准前应当征得决定机关同意。决定机关应当根据案件和刑事诉讼进展情况考虑是否同意。未经决定机关同意，执行机关不得批准犯罪嫌疑人、被告人离开。决定机关不同意离开的，执行机关应尊重决定机关的意见。决定机关同意离开的，执行机关也应再结合被取保候审、监视居住人的社会危险性等因素决定是否同意，不是必然就要批准。

14. 对取保候审保证人是否履行了保证义务，由公安机关认定，对保证人的罚款决定，也由公安机关作出。

【解析】本条是刑事诉讼法关于取保候审由公安机关执行，以及取保候审保证金应当存入执行机关指定银行的专门账户的规定的衔接性规定。“保证义务”包括监督被保证人遵守有关规定的义务，以及发现被保证人可能或者已经违反有关规定的报告义务。对保证人处以罚款，不仅要保证人“未履行保证义务”，也要其有违反刑事诉讼法第六十九条规定的行为。只有两个条件都具备，才能处以罚款。

15. 指定居所监视居住的，不得要求被监视居住人支付费用。

【解析】指定居所监视居住是国家为侦查犯罪的需要而采取的，费用应当列入有关机关的办案经费，不应由被监视居住人承担。这里的“费用”，是指为了采取指定居所监视居住而支付的场所租赁费、人员服务费、被监视居住人的基本生活费用等。犯罪嫌疑人、被告人在被指定居所监视居住期间超出基本生活需要的消费，如购买香烟，将服装送宾馆、干洗店洗涤等，具有一定合理性且不妨碍诉讼正常进行的，执行机关可以准许。这种情况下产生的费用，可以由犯罪嫌疑人、被告人自己承担。

16. 刑事诉讼法规定，拘留由公安机关执行。对于人民检察院直接受理的案件，人民检察院作出的拘留决定，应当送达公安机关执行，公安机关应当立即执行，人民检察院可以协助公安机关执行。

【解析】本条规定包括两方面内容：一是进一步强调只有公安机关有执行拘留的权力。检察院作出的拘留决定，也不能自己直接执行拘留。而应交公安机关执行。二是检察院可以协助公安机关执行，包括提供犯罪嫌疑人的基本情况、所在地信息，对处于传唤中并拟拘留的犯罪嫌疑人采取必要的管控措施，派员参加公安机关的执行活动等。这样规定，主要是考虑检察院对案件比较熟悉，由其协助更有利于拘留的顺利执行。

17. 对于人民检察院批准逮捕的决定，公安机关应当立即执行，并将执行回执及时送达批准逮捕的人民检察院。如果未能执行，也应当将回执送达人民检察院，并写明未能执行的原因。对于人民检察院决定不批准逮捕的，公安机关在收到不批准逮捕决定书后，应当立即释放在押的犯罪嫌疑人或者变更强制措施，并将执行回执在收到不批准逮捕决定书后的三日内送达作出不批准逮捕决定的人民检察院。

【解析】本条在刑事诉讼法相关规定基础上进一步明确了两个问题：一是公安机关应当立即执行检察院的批准逮捕决定，并将执行情况及时通知检察院，不得以任何理由拖延。因各种原因未能执行的，也应当将回执送达检察院，并写明未能执行的原因。二是进一步明确检察院不批准逮捕的，公安机关应当在接到通知后立即释放，并且将执行情况及时通知检察院，通知的期限为“三日以内”。公安机关对检察院不批准逮捕的决定有异议要求复议和申请复核的，也应当立即释放在押犯罪嫌疑人，不得拖到复议、复核完成后再予以释放。

五、立案

18. 刑事诉讼法第一百一十一条

规定："人民检察院认为公安机关对应当立案侦查的案件而不立案侦查的，或者被害人认为公安机关对应当立案侦查的案件而不立案侦查，向人民检察院提出的，人民检察院应当要求公安机关说明不立案的理由。人民检察院认为公安机关不立案理由不能成立的，应当通知公安机关立案，公安机关接到通知后应当立案。"根据上述规定，公安机关收到人民检察院要求说明不立案理由通知书后，应当在七日内将说明情况书面答复人民检察院。人民检察院认为公安机关不立案理由不能成立，发出通知立案书时，应当将有关证明应当立案的材料同时移送公安机关。公安机关收到通知立案书后，应当在十五日内决定立案，并将立案决定书送达人民检察院。

【解析】本条明确了公安机关接受检察院应当立案而不立案的监督的两个时限：一是公安机关收到检察院要求说明不立案理由通知书后，将决定不立案的根据和理由书面答复检察院的期限是"七日"。二是检察院认为公安机关不立案理由不能成立，发出通知立案书的，公安机关收到通知立案书后决定立案的期限是"十五日"。当然，检察院在发出立案通知书时，也应当将有关证明应当立案的材料同时移送公安机关。

六、侦查

19. 刑事诉讼法第一百二十一条第一款规定："侦查人员在讯问犯罪嫌疑人的时候，可以对讯问过程进行录音或者录像；对于可能判处无期徒刑、死刑的案件或者其他重大犯罪案件，应当对讯问过程进行录音或者录像。"侦查人员对讯问过程进行录音或者录像的，应当在讯问笔录中注明。人民检察院、人民法院可以根据需要调取讯问犯罪嫌疑人的录音或者录像，有关机关应当及时提供。

【解析】讯问过程的录音或者录像是讯问过程是否合法的重要证明材料。本条对录音录像的使用做了两方面约束：一是侦查人员应当在讯问笔录中注明录音或者录像的情况。二是检察院在审查起诉时，可以依法向公安机关调取录音或者录像；法院在审判时，可以依法向检察院调取录音或者录像。三是检察院、法院依法调取讯问犯罪嫌疑人的录音或者录像的，有关机关，也就是保存录音或者录像的机关应当及时提供，不得以任何理由拒绝或故意推诿、拖延。应当注意的是，讯问录音或者录像是用来证明讯问活动合法性的，不能以被告人当庭供述与录音录像一致证明被告人的供述是真实的，也不能因为不一致就认定被告人的供述是虚假的。

20. 刑事诉讼法第一百四十九条中规定："批准决定应当根据侦查犯罪的需要，确定采取技术侦查措施的种类和适用对象。"采取技术侦查措施收集的材料作为证据使用的，批准采取技术侦查措施的法律文书应当附卷，辩护律师可以依法查阅、摘抄、复制，在审判过程中可以向法庭出示。

【解析】本条对批准采取技术侦查措施的法律文书的附卷和使用作了三方面规定。一是将批准文书附卷的前提是侦查机关决定把采取技术侦查措施收集的材料作为证据使用。收集的材料与案件无关而不作为证据使用的，批准文书不需要附卷。不过，即使不把批准文书附卷，侦查机关也应当依法采取技术侦查措施。二是辩护律师可以依法查阅、摘抄、复制。其他辩护人查阅、摘抄、复制纳入案卷的批准文书的，应当经人民法院、人民检察院许可。三是在审判过程中，公诉人可以主动或者应法庭要求出示批准文书，并接受质证和法庭审查，以证明采取技术侦查措施获得的证据材料的合法性。

21. 公安机关对案件提请延长羁押期限的，应当在羁押期限届满七日前提出，并书面呈报延长羁押期限案件的主要案情和延长羁押期限的具体理由，人民检察院应当在羁押期限届满前作出决定。

【解析】对公安机关提请延长侦查羁押期限的程序要求包括时间和材料两个方面。时间要求是延长羁押期限申请应当在羁押期限届满"七日前"提出，也就是早于羁押期限届满前七日。材料要求是公安机关应当以书面形式提出，具体内容包括案件的主要案情和延长羁押期限的理由。"主要案情"包括案件的犯罪事实、性质、社会影响程度等具体情况。"延长羁押期限的具体理由"，是指是否符合刑事诉讼法第一百五十四条、第一百五十六条和第一百五十七条规定的条件，根据案情的复杂程度、性质和影响、涉及面及调查取证情况等确定。对延长侦查羁押期限的申请，检察院不论批准还是不批准，都应当在羁押期限届满前作出决定，不得造成超期羁押。

22. 刑事诉讼法第一百五十八条第一款规定："在侦查期间，发现犯罪嫌疑人另有重要罪行的，自发现之日起依照本法第一百五十四条的规定重新计算侦查羁押期限。”公安机关依照上述规定重新计算侦查羁押期限的，不需要经人民检察院批准，但应当报人民检察院备案，人民检察院可以进行监督。

【解析】犯罪嫌疑人被羁押后“另有重要罪行”，也就是被侦查机关发现有已被侦查的罪行以外的重要罪行，表明其隐瞒了自己的犯罪事实，有逃避追诉的意图。本条规定对其继续采取羁押措施，不需要再重新报请检察机关批准逮捕而由公安机关自行决定，符合刑事诉讼法的精神。但为防止公安机关利用这一规定变相延长羁押期限，本条也规定公安机关重新计算侦查羁押期限的，应当报检察院备案，以便于检察机关及时掌握情况，进行具体有效的监督。

七、提起公诉

23. 上级公安机关指定下级公安机关立案侦查的案件，需要逮捕犯罪嫌疑人的，由侦查该案件的公安机关提请同级人民检察院审查批准；需要提起公诉的，由侦查该案件的公安机关移送同级人民检察院审查起诉。

人民检察院对于审查起诉的案件，按照刑事诉讼法的管辖规定，认为应当由上级人民检察院或者同级其他人民检察院起诉的，应当将案件移送有管辖权的人民检察院。人民检察院认为需要依照刑事诉讼法的规定指定审判管辖的，应当协商同级人民法院办理指定管辖有关事宜。

【解析】根据第一款的规定，无论案件由哪个公安机关侦查，其需要逮捕犯罪嫌疑人的，都是向与其对应的同级检察院提请审查批准逮捕；需要提起公诉的，也是移送与其对应的同级检察院审查决定。即使属于上级指定侦查的案件，也不需要将案件送回原来的侦查机关再做决定。侦查案件的公安机关对应的同级检察院，不得以不属于本院管辖为由不受理同级公安机关提请逮捕和移送审查起诉的案件。

根据第二款的规定，对于与自己对应的公安机关移送审查起诉的案件，检察院都应当接受。认为不属于自己管辖的，可以做出两种处理，一是移送有管辖权的上级或者同级其他检察院。二是对于认为由有管辖权的法院审理不妥，或者可以由自己对应的同级法院审理的，可以“协商同级人民法院办理指定管辖有关事宜”，由同级法院办理指定管辖事宜。

24. 人民检察院向人民法院提起公诉时，应当将案卷材料和全部证据移送人民法院，包括犯罪嫌疑人、被告人翻供的材料，证人改变证言的材料，以及对犯罪嫌疑人、被告人有利的其他证据材料。

【解析】本条明确检察院向法院移送的案卷材料和证据是“全部案卷材料”和“全部证据”。检察院应当将全部案卷材料和证据毫无保留地移送给法院。本条还进一步明确要求了三种证据，即犯罪嫌疑人、被告人翻供的材料，证人改变证言的材料和对犯罪嫌疑人、被告人有利的其他证据材料（如证明犯罪嫌疑人、被告人无罪、罪轻，或者减轻、免除其刑事责任的物证、书证等）。检察院应当将上述证据材料全部移送法院，由法院通过法庭审理综合全案情况全面审查判断。侦查人员、检察人员不得违反规定截留、隐瞒对犯罪嫌疑人、被告人有利的证据材料。

八、审判

25. 刑事诉讼法第一百八十一条规定：“人民法院对提起公诉的案件进行审查后，对于起诉书中有明确的指控犯罪事实的，应当决定开庭审判。”对于人民检察院提起公诉的案件，人民法院都应当受理。人民法院对提起公诉的案件进行审查后，对于起诉书中有明确的指控犯罪事实并且附有案卷材料、证据的，应当决定开庭审判，不得以上述材料不充足为由而不开庭审判。如果人民检察院移送的材料中缺少上述材料的，人民法院可以通知人民检察院补充材料，人民检察院应当自收到通知之日起三日内补送。

人民法院对提起公诉的案件进行审查的期限计入人民法院的审理期限。

【解析】法院对提起公诉的案件只进行形式审查，即只审查是否有明确的指控犯罪事实并附有案卷材料、证据，不对案卷材料、证据的真实性和是否充分等进行实质审查。也就是说，法院对于检察院提起公诉的案件都应当受理，不能以缺少材料等理由拒绝受理。起诉书中有明确的指控犯罪事实并且附有案卷材料、证据的，就应当决定开庭审判。缺少材料的，可以通知检察院补送。检察院补送有关材料的期限为接到法院通知后的“三日内”。检察院拒绝补送的，法院也应当开庭并按照刑事诉讼法的规定作出判决。法院的审理期限是从法院收到检察院移送审查起诉的案件时起算的，对提起公诉的案件进行审查的期限当然应当计入法院的审理期限。

26. 人民法院开庭审理公诉案件时，出庭的检察人员和辩护人需要出示、宣读、播放已移交人民法院的证据的，可以申请法庭出示、宣读、播放。

【解析】根据2012年刑事诉讼法的规定，检察院向法院提起公诉时，应当将案卷材料和全部证据移送法院。这种情况下，出庭的检察人员就无法自己出示、宣读或播放有关证据，因此本条规定可以申请法庭出示、宣读、播放，但出示、宣读、播放的内容、顺序，由检察人员和辩护人根据指控和辩护的需要、证据种类等确定。方式可以是法庭直接或者由法庭安排法警或其他工作人员进行。这一规定不能理解为改变或者否定了由检察机关承担证明被告人有罪的举证责任的原则，也不能理解为由审判人员包揽、代替控辩双方举证。

27. 刑事诉讼法第三十九条规定："辩护人认为在侦查、审查起诉期间公安机关、人民检察院收集的证明犯罪嫌疑人、被告人无罪或者罪轻的证据材料未提交的，有权申请人民检察院、人民法院调取。"第一百九十一条第一款规定："法庭审理过程中，合议庭对证据有疑问的，可以宣布休庭，对证据进行调查核实。"第一百九十二条第一款规定："法庭审理过程中，当事人和辩护人、诉讼代理人有权申请通知新的证人到庭，调取新的物证，申请重新鉴定或者勘验。"根据上述规定，自案件移送审查起诉之日起，人民检察院可以根据辩护人的申请，向公安机关调取未提交的证明犯罪嫌疑人、被告人无罪或者罪轻的证据材料。在法庭审理过程中，人民法院可以根据辩护人的申请，向人民检察院调取未提交的证明被告人无罪或者罪轻的证据材料，也可以向人民检察院调取需要调查核实的证据材料。公安机关、人民检察院应当自收到要求调取证据材料决定书后三日内移交。

【解析】本条规定了法院、检察院调取证据的有关程序和期限。一是自案件移送审查起诉之日起，检察院就可以根据辩护人的申请向公安机关调取未提交的证明犯罪嫌疑人、被告人无罪或者罪轻的证据材料，无论案件还在审查起诉阶段或者已起诉到法院。二是在法庭审理过程中，法院可以向检察院调取。证据属于公安机关未提交给检察院的，由检察院向公安机关调取。三是公安机关对检察院要求调取的证据材料、检察院对法院要求调取的证据材料，移送给相应机关的期限是“三日内”，不得拒绝或者拖延。

28. 人民法院依法通知证人、鉴定人出庭作证的，应当同时将证人、鉴定人出庭通知书送交控辩双方，控辩双方应当予以配合。

【解析】2012年刑事诉讼法虽然完善了证人、鉴定人出庭作证制度，实践中还会出现证人、鉴定人因碍于情面或害怕打击报复等，应当出庭而拒不出庭的情况。除法院要依法通知外，控辩双方也要配合做好说服教育等工作。因此本条规定，法院依法通知证人、鉴定人出庭作证的，应当同时将出庭通知书送交控辩双方，使控辩双方了解法院通知证人、鉴定人出庭的情况。控辩双方也要采取措施，配合法院做好各自一方证人的工作，积极争取证人、鉴定人出庭作证。但本条规定不是将法院通知证人、鉴定人出庭作证的义务转嫁到控辩双方身上。

29. 刑事诉讼法第一百八十七条第三款规定：“公诉人、当事人或者辩护人、诉讼代理人对鉴定意见有异议，人民法院认为鉴定人有必要出庭的，鉴定人应当出庭作证。经人民法院通知，鉴定人拒不出庭作证的，鉴定意见不得作为定案的根据。”根据上述规定，依法应当出庭的鉴定人经人民法院通知未出庭作证的，鉴定意见不得作为定案的根据。鉴定人由于不能抗拒的原因或者有其他正当理由无法出庭的，人民法院可以根据案件审理情况决定延期审理。

【解析】对于鉴定人经法院通知未出庭作证的，应当区别不同情况作出相应处理。一般情况下鉴定意见不得作为定案的根据。如果鉴定所涉及的专门性问题仍然需要通过鉴定解决的，可以另行委托鉴定。同时，考虑到实践情况比较复杂，有时候将鉴定意见不作为定案根据会对诉讼当事人利益造成不利影响，也会拖延诉讼，浪费司法资源，甚至导致案件事实无法查清，因此本条规定鉴定人由于不能抗拒的原因或者有其他正当理由无法出庭的，不应作为“拒不出庭作证”处理，而是由法院根据案件情况决定延期审理，待不可抗力或者其不能出庭的原因消失后再另行开庭审理。

30. 人民法院审理公诉案件，发现有新的事实，可能影响定罪的，人民检察院可以要求补充起诉或者变更起诉，人民法院可以建议人民检察院补充起诉或者变更起诉。人民法院建议人民检察院补充起诉或者变更起诉的，人民检察院应当在七日以内回复意见。

【解析】本条一是规定了补充起诉和变更起诉的条件，包括两个方面：（1）发现有新的事实，即起诉书中未涉及的事实。（2）新的事实可能影响定罪，即可能需要补充新事实、新罪名或者变更起诉的定性。如果新事实对指控的犯罪定性没有实质影响，或者只可能影响量刑，则可以不补充起诉或者变更起诉而由法院直接认定。二是规定了补充起诉或者变更起诉的两个途径：（1）由检察院主动提出，这种情况法院应当允许。（2）法院可以建议检察院补充起诉或者变更起诉，但是否提出，还要由检察院确定。无论检察院是否接受法院的建议，都应当回复法院，回复的时限为“七日以内”。检察院不补充起诉或者变更起诉，或者在规定的时限内没有回复的，法院应当只就起诉书指控的犯罪作出判决，或者直接根据案件事实和法律作出新的认定。

31. 法庭审理过程中，被告人揭发他人犯罪行为或者提供重要线索，人民检察院认为需要进行查证的，可以建议补充侦查。

【解析】在案件审理期间，被告人揭发他人犯罪行为或者提供重要线索，涉及适用刑法有关立功规定的问题，法院应当审查是否属实。如果法庭能够在较短的时间内完成查证工作，可以直接作出认定。查证需要很长时间，甚至需要作为另一个刑事案件立案侦查的，如果检察院建议进行补充侦查，法院可以决定延期审理。至于由哪个部门补充侦查，根据具体情况和刑事诉讼法的规定由检察院自行进行，也可由检察院交由侦查机关进行。案件补充侦查完毕移送法院后，法院可以重新计算审理期限。

32. 刑事诉讼法第二百零三条规定：“人民检察院发现人民法院审理案件违反法律规定的诉讼程序，有权向人民法院提出纠正意见。”人民检察院对违反法定程序的庭审活动提出纠正意见，应当由人民检察院在庭审后提出。

【解析】检察院对法院的审判活动实行法律监督，是其作为法律监督机关的整体职能，同派员出庭支持公诉是不同的。公诉人在行使支持公诉的职能时，如果发现法庭有违反法律规定的诉讼程序的情况，可以提出不同意见，但这与检察院行使法律监督职权属于不同性质的活动。如果进行提出纠正意见等监督活动，只能在法庭审理后，把情况向检察院有关领导汇报，经领导批准后再以检察院的名义提出。也就是说，对庭审活动的法律监督职权，只能是以检察院名义实施的事后监督。

九、执行

33. 刑事诉讼法第二百五十四条第五款中规定："在交付执行前，暂予监外执行由交付执行的人民法院决定"。对于被告人可能被判处拘役、有期徒刑、无期徒刑，符合暂予监外执行条件的，被告人及其辩护人有权向人民法院提出暂予监外执行的申请，看守所可以将有关情况通报人民法院。人民法院应当进行审查，并在交付执行前作出是否暂予监外执行的决定。

【解析】本条主要规定了三方面内容：一是符合暂予监外执行条件的被告人及其辩护人，有权向法院提出暂予监外执行的申请。辩护人也可以不经被告人授权直接向法院提出申请。二是看守所可以在被告人及其辩护人未提出申请的情况下，将自己掌握的情况通报法院，供法院决定是否暂予监外执行，或者当事人要求看守所代为提交有关申请的，看守所也要将有关情况告知法院。三是对于暂予监外执行的申请，法院应当在交付执行前，甚至可以在判决时做出。如果已经交付执行，即使发现被告人应该暂予监外执行的，法院也不能再作出决定，而应当告知罪犯向监狱管理机关提出，并将有关材料移送监狱。

34. 刑事诉讼法第二百五十七条第三款规定："不符合暂予监外执行条件的罪犯通过贿赂等非法手段被暂予监外执行的，在监外执行的期间不计入执行刑期。罪犯在暂予监外执行期间脱逃的，脱逃的期间不计入执行刑期。"对于人民法院决定暂予监外执行的罪犯具有上述情形的，人民法院在决定予以收监的同时，应当确定不计入刑期的期间。对于监狱管理机关或者公安机关决定暂予监外执行的罪犯具有上述情形的，罪犯被收监后，所在监狱或者看守所应当及时向所在地的中级人民法院提出不计入执行刑期的建议书，由人民法院审核裁定。

【解析】审判并确定被告人的刑事责任是法院的职责。监外执行的期间不计入执行刑期，涉及罪犯实际执行的刑期长短，当然应当由法院决定。具体决定程序有两种：一是法院决定的暂予监外执行，由法院在决定予以收监的同时直接确定不计入刑期的期间。二是监狱管理机关或者公安机关决定的暂予监外执行，虽然也要由法院决定，但应当由罪犯收监后所在的监狱或者看守所向其所在地的中级人民法院提出。法院审核后，应裁定是否不计入执行刑期并重新确定罪犯结束服刑的最后期限。考虑到这种情况下罪犯的结束服刑日期处于不明确的状态，不利于罪犯的教育改造和执法的严肃性，因此监狱或者看守所应当及时向法院提出建议，法院也应当及时作出裁定。

35. 被决定收监执行的社区矫正人员在逃的，社区矫正机构应当立即通知公安机关，由公安机关负责追捕。

【解析】对于社区矫正人员脱逃的，由于社区矫正机构没有强制手段，因此难以进行追捕。公安机关承担着维护社会治安稳定和侦查刑事犯罪的职责，有责任也有能力承担抓捕罪犯，因此本条规定由公安机关负责追捕。但社区矫正机构负责社区矫正的执行，易于发现社区矫正人员在逃的情况，因此本条同时规定社区矫正机构有责任立即通知公安机关。社区矫正机构也应当提供有关信息，积极予以配合。公安机关应当及时行动，将罪犯抓获并送至监狱执行刑罚。对于被管制的罪犯等，公安机关可以予以治安管理处罚，并且继续对其实行社区矫正。

十、涉案财产的处理

36. 对于依照刑法规定应当追缴的违法所得及其他涉案财产，除依法返还被害人的财物以及依法销毁的违禁品外，必须一律上缴国库。查封、扣押的涉案财产，依法不移送的，待人民法院作出生效判决、裁定后，由人民法院通知查封、扣押机关上缴国库，查封、扣押机关应当向人民法院送交执行回单；冻结在金融机构的违法所得及其他涉案财产，待人民法院作出生效判决、裁定后，由人民法院通知有关金融机构上缴国库，有关金融机构应当向人民法院送交执行回单。

对于被扣押、冻结的债券、股票、基金份额等财产，在扣押、冻结期间权利人申请出售，经扣押、冻结机关审查，不损害国家利益、被害人利益，不影响诉讼正常进行的，以及扣押、冻结的汇票、本票、支票的有效期即将届满的，可以在判决生效前依法出售或者变现，所得价款由扣押、冻结机关保管，并及时告知当事人或者其近亲属。

【解析】本条从保护公民合法财产权益，规范司法机关诉讼活动的角度出发，对涉案财产的处理做了五个方面的规定：一是明确追缴违法所得及其他涉案财产的方式是“上交国库”。有关部门不能将罚没与经费保障或者考核奖励等挂钩，不能搞“利益驱动”办案。二是考虑到决定权和执行权分离以及方便执行，一般涉案财产的处理由查封、扣押机关进行，但是应当在法院作出生效判决、裁定后进行。三是冻结在金融机构的违法所得及其他涉案财产上缴国库，由金融机构进行，而不是由查封、扣押机关执行。作出查封、冻结决定的检察院、公安机关无权扣划相关财产。四是为了防止被扣押、冻结的债券、股票、基金份额等财产因市场变化等原因“缩水”，造成国家或者公民的财产遭受损失，权利人可以申请出售。但是前提是扣押、冻结机关同意，且不损害国家利益、被害人利益，不影响诉讼正常进行。五是，扣押、冻结机关可以在扣押、冻结的汇票、本票、支票的有效期即将届满时依法变现。进行变现不需要经权利人申请，由扣押、冻结机关依职权决定即可。当事人申请出售的，或者扣押、冻结机关主动变现的，所得价款由扣押、冻结机关保管，并应把有关情况及时告知当事人或者其近亲属。

37. 刑事诉讼法第一百四十二条第一款中规定：“人民检察院、公安机关根据侦查犯罪的需要，可以依照规定查询、冻结犯罪嫌疑人的存款、汇款、债券、股票、基金份额等财产。”根据上述规定，人民检察院、公安机关不能扣划存款、汇款、债券、股票、基金份额等财产。对于犯罪嫌疑人、被告人死亡，依照刑法规定应当追缴其违法所得及其涉案财产的，适用刑事诉讼法第五编第三章规定的程序，由人民检察院向人民法院提出没收违法所得的申请。

【解析】本条是对如何处理查封、冻结的犯罪嫌疑人、被告人财产的规定。一是对财产采取查封、冻结是为了保全证据，而不是执行相关财产，且财产的处理只能根据法院的判决执行，因此公安机关、检察院只能将存款、汇款、债券、股票、基金份额等查封、冻结在原来的账户内，不能扣划至其他账户。二是在刑事诉讼法第二百八十条规定的基础上，进一步明确对于所有死亡的犯罪嫌疑人、被告人，依法应当追缴其违法所得或者涉案财产的，都可以根据刑事诉讼法第五编第三章规定的程序予以没收。当然，对于死亡的犯罪嫌疑人、被告人将违法所得或者涉案财产隐藏于他人名下的，也应当依法予以追缴。

38. 犯罪嫌疑人、被告人死亡，现有证据证明存在违法所得及其他涉案财产应当予以没收的，公安机关、人民检察院可以进行调查。公安机关、人民检察院进行调查，可以依法进行查封、扣押、查询、冻结。

人民法院在审理案件过程中，被告人死亡的，应当裁定终止审理；被告人脱逃的，应当裁定中止审理。人民检察院可以依法另行向人民法院提出没收违法所得的申请。

【解析】为了保证刑事诉讼法第二百八十条规定的没收程序顺利进行，本条增加规定了相应的调查程序。对于死亡的犯罪嫌疑人、被告人，公安机关、检察院不能仅仅根据刑事诉讼法第十五条的规定撤销案件了事，而是应当继续对其财产状况进行调查，并可以依法进行查封、扣押、查询、冻结，但是不能直接没收。需要没收的，按照刑事诉讼法第二百八十条的规定办理。如果被告人在法院审理案件过程中死亡或者脱逃的，法院不能直接裁定没收其财产，而是应当中止或者终止审理，由检察院另行提起没收申请。应当注意的是，本条和第三十七条都明确了犯罪嫌疑人、被告人死亡的所有案件都可以依法向法院提出没收违法所得的申请，但犯罪嫌疑人、被告人脱逃的违法所得的没收，还是限于贪污贿赂犯罪、恐怖活动犯罪案件。

39. 对于人民法院依法作出的没收违法所得的裁定，犯罪嫌疑人、被告人的近亲属和其他利害关系人或者人民检察院可以在五日内提出上诉、抗诉。

【解析】刑事诉讼法第二百八十二条没有明确当事人以及检察院不服法院违法所得没收裁定的上诉、抗诉期限。但刑事诉讼法第二百一十九条规定的不服裁定的上诉、抗诉的期限为五日。法院没收财产使用了裁定的形式，当然也应当遵循刑事诉讼法关于对裁定不服的上诉、抗诉期限为五日的规定。未在五日以内上诉、抗诉的，裁定即发生法律效力。

十一、其他

40. 刑事诉讼法第一百四十七条规定："对犯罪嫌疑人作精神病鉴定的期间不计入办案期限。"根据上述规定，犯罪嫌疑人、被告人在押的案件，除对犯罪嫌疑人、被告人的精神病鉴定期间不计入办案期限外，其他鉴定期间都应当计入办案期限。对于因鉴定时间较长，办案期限届满仍不能终结的案件，自期限届满之日起，应当对被羁押的犯罪嫌疑人、被告人变更强制措施，改为取保候审或者监视居住。

【解析】根据本条规定，鉴定期间不计入办案期限仅限于对犯罪嫌疑人作精神病鉴定这一种情况。其他鉴定的期间都应当计入办案期限。这里规定的“不计入办案期限”包括不计入侦查羁押期限和审查起诉、审判期限。当然，对于因鉴定期间较长，办案期限届满仍不能终结的案件，办案机关应将强制措施变更为取保候审或者监视居住。

国家安全机关依照法律规定，办理危害国家安全的刑事案件，适用本规定中有关公安机关的规定。

【解析】本段是国家安全机关使用本规定的衔接性规定。这里的“有关公安机关的规定”，既包括刑事诉讼法有关公安机关行使的拘留、执行逮捕、执行取保候审、监视居住以及讯问犯罪嫌疑人、询问证人、搜查、扣押与犯罪有关的物品、鉴定、勘验、检查等规定，也包括本规定中所涉及的公安机关并案处理案件、证人保护、执行强制措施、建议不计入执行刑期等。

本规定自2013年1月1日起施行。1998年1月19日发布的《最高人民法院、最高人民检察院、公安部、国家安全部、司法部、全国人大常委会法制工作委员会关于刑事诉讼法实施中若干问题的规定》同时废止。

【解析】1998年六部委规定是对如何执行1996年刑事诉讼法所做的规定，有的已被2012年修改的刑事诉讼法吸收，有的与修改后的刑事诉讼法已不一致，新规定作出后，1998年六部委规定应当相应废止。为保证刑事诉讼法的顺利实施，2012年六部委规定与2012年刑事诉讼法同步施行。

[司法实务问题研究]

故意毁坏财物罪的对象可否为违章建筑物

孙道萃*

一、案情简介

A 有限公司系西街 1 号的所有权人，2009 年该公司将 1 号北区 8000 平方米的土地出租给孙某，并签有租地协议，租期为 10 年。随后，孙某又将该地的 5000 平方米转租给李某，李某擅自将该地的地上物推倒重建为一个钢结构性质的二层楼房。随后，当地城市管理管理监察大队认为重建的建筑物没有合法有效的审批手续，属于违法建筑，并同时责任李某在其规定期限内拆除并清理现场，但李某并未理睬城管的通知。李某随后又将该钢结构二层建筑物转租给王某，王某又在原重建建筑物上进行改建施工为一栋砖混结构的二层楼，并做了内部装修，准备用于超市和歌厅，但直到案发时尚未装修完工。在此期间，当地的城管部门再次通知李某限期拆除违章建筑物，并公函知会 A 有限公司配合协助、并督促李某自行拆除违法建筑物。对此，A 有限公司孙某在有关领导的授意下，在明知李某违章擅自改建的情况下，与黄某签订《劳务协议》，约定由黄某负责召集一些人拆除正处第二次改建中的违章建筑物。《劳务协议》还约定，拆除建筑物的施工中发生纠纷时由孙某负责，如拆除机械

* 作者单位：北京市朝阳区人民检察院。

等被扣押由孙某负责无条件支付台班费。在拆除当晚，正在休息中的一些民工被强行带离到旁边的平房看管，有些民工财物被抢，金额约2万元；一名被打至耳膜穿孔，但无诊断证明和鉴定意见。经鉴定，违章建筑物价值高达一千余万元。现对孙某和黄某的行为如何定性存在分歧。

二、观点分歧

第一种观点认为，犯罪嫌疑人孙某在明知涉案房屋系李某改建，A有限公司并无处分权，在此情况下，公司授意孙某擅自雇佣黄某等人强行拆除，其行为侵犯了他人的财产权利，数额特别巨大，构成故意毁坏财物罪。其中，黄某应当知道前述事实，在本案中具体实施拆除行为，与孙某是共同犯罪，但为从犯。

第二种意见认为，犯罪嫌疑人孙某构成故意毁坏财物罪，理由如上。但是，根据案件所查证的事实和证据显示，黄某与孙某之间仅是劳务关系，对孙某及其所在的有限公司与李某等人的复杂民事法律关系并不清楚，劳务协议中约定的一些保护条款不宜作为推定"应当知道"内情的证据，缺乏犯罪故意。

第三种意见认为，犯罪嫌疑人孙某构成故意毁坏财物罪，理由基本如上。犯罪嫌疑人黄某纠集多人在没有合法理由和根据的情况下，任意毁损他人财物，造成损失的数额特别巨大，构成寻衅滋事罪，而不是构成故意毁坏财物罪。

第四种意见认为，犯罪嫌疑人孙某不构成故意毁坏财物罪，因为本案中被拆除的是违章建筑物，根据有关法律规定，在城管部门下达拆除通知书后应自行拆除、恢复原状。犯罪嫌疑人孙某尽管在拆除资质和拆除规范上存在问题，但不是刑法中的毁坏，至于具体的赔偿问题则应由租赁协议的规定来解决。与此同时，黄某不构成犯罪，其与犯罪嫌疑人孙某之间仅是劳务关系，其他理由基本如上。

三、法理评析

笔者同意第四种观点。本案犯罪嫌疑人孙某和黄某均不构成犯罪。孙某在A有限公司授意下组织黄某实施拆迁行为，尽管在拆除资格上存在程序合法的疑问（但孙某及其所在的有限公司应积极协助李某拆除，李某一直尚未自行主动拆除）和在具体实施拆除行为时存在一些过激甚至违反程序的地方，但是，被拆除的是违章建筑物，其法律命运注定是要被拆除的。尽管本案涉及的金额特别巨大，但是李某、王某等租户可以通过租赁协议，经由民事赔偿的途径保护自身的合法财产，是民事物权纠纷，违章建筑物不能成为故意毁坏财物罪的犯罪对象。

1. 故意毁坏财物罪及其犯罪对象

1979年刑法第一百五十六条规定了故意毁坏财物罪，1997年刑法增加了"数额较大"这一犯罪构成要件。[①] 故意毁坏财物罪，是指故意非法地毁灭损坏公私财物，数额较大或者情节严重的行为。犯罪客体是公私财物的所有权，犯罪对象可以是任何有形的公私财物，包括动产和不动产。[②] 如果行为人所故意毁坏的是我国刑法另有规定的其他特定财物，危害其他客体要件的，应按我国刑法的有关规定处理。例如，破坏交通工具、交通设备、易燃易爆设备、广播电视、电信设施等危害公共安全的，按我国刑法分则第二章有关罪名论处。毁坏他人持有的非法所得或用于犯罪的物品构成本罪。因为他人持有的非法所得或用于犯罪的物品都应当是通过行政程序加以没收的，行为人对这些财物仅仅是一种占有而不是所有，尽管暂时处于一种非法的占有之下，但最终这些财物都应属于国家。[③] 犯罪客观方面表现为毁灭或者损坏公私财物，数额较大或者情节严重的行为。损毁财物的方式有多种，包括砸毁、撕毁、压毁等。在理论界，关于故意毁坏财物行为的理解，有效用侵害说、有形侵害说、物质的毁损说等。[④] 但用防火、爆炸等危险方法破坏，危害公共安全的，应以放火罪、爆炸罪论处。损毁财物数额较大或者情节严重，才构成本罪，数额不大，情节不严重的，按一般违法行为处理。《最高人民检察院、公安部关于公安机关管辖的刑事案件立案追诉标准的规定（一）》第三十三规定："造成公私财物损失五千元以上，毁坏公私财物三次以上、纠集三人以上公然毁坏公私财物的、其他情节严重的行为应立案追诉。犯罪主体为一般主体。犯罪主观方面为故

① 参见周道鸾、张军：《刑法罪名精释》（第二版），人民法院出版社2007年版，第534页。

② 参见高铭暄、马克昌主编：《刑法学》（第三版），北京大学出版社、高等教育出版社2007年版，第588页。

③ 参见王震、范伟：《试论故意毁坏财物罪的客观方面及犯罪对象》，载《黑龙江省政法管理干部学院学报》2009年第4期，第47页。

④ 参见陈兴良：《故意毁坏财物行为之定性研究——以朱建勇案和孙静案为线索的分析》，载《国家检察官学院学报》2009年第1期，第99页。

意，包括直接故意或者间接故意。”

从现有的理论看，违法取得或者不合法的财产是否可以成为故意毁坏财物罪的犯罪对象不得而知，有关本罪犯罪对象的研讨并未深入到此。笔者认为，本案中的涉案对象即为违章建筑物，不属于刑法所要保护的法益，但可以是民法所保护的民事利益。在民刑交叉关系的处理上，首先要明确区分民事法律关系和刑事法律关系的界限，刑法不能超越界限，将民事案件“刑事化”。根据1998年4月施行的《最高人民法院关于在审理经济纠纷案件中涉及经济犯罪嫌疑若干问题的规定》的有关精神，人民法院作为经济纠纷受理的案件，经审理认为不属经济纠纷案件而有经济犯罪嫌疑的，应当裁定驳回起诉，将有关材料移送公安机关或检察机关。反言之，如果案件属于经济纠纷或民事纠纷，则不能移送到刑事程序，而应作为无罪处理，造成的损害通过民事赔偿解决。

2. 孙某代行公司负责拆除违章建筑物，拆除物不是刑法所保护的法益

犯罪嫌疑人孙某强行拆除李某、王某等租赁客户所重新改建的建筑物，这一客观事实并无异议，孙某对拆除行为及可能造成的后果是明知的，并且事实上也已经造成了一千多万元的特别巨大损失。但是，在本案中，孙某仅是A有限公司的负责人之一，在该公司主要领导的授意下，才与黄某签订了《劳动协议》，并具体负责指挥拆除违章建筑物行为。由于所拆除的是违章建筑物，是不受刑法所保护的法益，孙某所具体负责与实施的拆除行为不是刑法意义上的故意毁坏。

首先，违章建筑物从一开始便是违反行政管理法规、规章的，违章建筑这一事实行为无法转换为具有法律效力的民事行为。根据物权法第七条的规定：“物权的取得和行使，应当遵守法律，尊重社会公德，不得损害公共利益和他人合法权益。”《城市房地产权属登记管理办法》（2001年修订）第二十三条规定：“有下列情形之一的，登记机关应当作出不予登记的决定：（一）属于违章建筑的；……”因此，如果物权行为违反了行政法规、规章，那么，物权本身便是有瑕疵的，未必受法律保护。本案中，租赁客户李某和王某擅自改建，并且明知违法，所以这种改建与添附行为是不具有法律效力的，尽管改建后的建筑物具有经济价值。如果李某、王某是在不知情的情况下改建的，那么可以根据双方所签订的《租赁协议》解决民事赔偿问题，但这不属于刑法问

题。与此同时，根据有关的行政法规、规章，凡是违章建筑物，城管部门应该及时查证，在查实的前提下，应责令该违章建筑物的所有人及相关人员自行拆除，在法定期限内不拆除的，可以强行拆除。《A市禁止违法建设若干规定》（2010年）第十三条规定：“城镇违法建设当事人逾期不拆除的，负有查处职责的机关应当在期限届满后5个工作日内，将限期拆除决定及逾期未拆除的情况报告违法建设所在地的区县人民政府。区县人民政府应当责成区县城市管理综合行政执法等机关实施强制拆除。实施强制拆除前，应当制定工作方案、应急预案，并确定公安机关、街道办事处、市政公用服务单位等配合单位的职责。”根据所查证的事实，早在李某私自改建之后，城管部门就已经下发了拆除通知书，但李某并未及时执行。直到王某改建之际，城管部门再次下发拆除通知书，并要求租赁方即A有限公司协助拆除，王某等仍未执行。在此情况下，作为租赁方的A有限公司主动自行拆除由李某、王某所改建的违章建筑物，可以说主观出发点是好的。当然在拆除资格上，确实存在瑕疵，应该是协助，而不是自行组织拆除，有关事前通知事宜亦不到位。毕竟A公司只是出租方，而不是租赁并使用的一方。根据《A市禁止违法建设若干规定》（2010年）第十七条的规定，强制拆除违法建设，应当提前5日在现场公告强制拆除决定，告知实施强制拆除的时间、相关依据、当事人的权利和义务等。当事人是公民的，通知本人或者其成年家属到场；当事人是法人或者其他组织的，通知其法定代表人、主要负责人或者其上级单位负责人到场。拒不到场的，不影响实施强制拆除。实施强制拆除的行政机关应当通知当事人清理有关物品，当事人拒不清理的，应当制作财物清单并由当事人签字确认。当事人不签字的，可以由违法建设所在地居民委员会、村民委员会确认。实施强制拆除的行政机关应当将财物运送到指定场所，交还当事人，当事人拒绝接收的，依法办理提存。实施强制拆除应当制作笔录并摄制录像。根据所查证的事实，当地的城管部门多次下发强制拆除通知书，但当事人根本不予理会。而该违章建筑物仍处于修缮、改建中，不存在清理当事人物品的现实必要性，除非已经处于使用阶段。更为重要的是，导致强制拆迁的客观原因是李某、王某等不履行行政义务，因而A有限公司的拆除行为事出有因。

其次，刑法所保护的是合法的公私财物，违章建筑物的法律结果就是应当被强制拆除。从这一点看，强行拆除违章建筑物的行为不是一种刑法意义上的故意毁坏。当然，在行政法中是否违法，则另当别论，但不是此处所要解决的问题。在我国，刑法理论界对公私财物的通说是所有权说，大陆法系则存在本权说与占有说、法律的财产说与经济的财产说以及法律·经济的财产说之争。① 而且，现在很多学者主张将违禁品、违法所得、犯罪工具等作为财产犯罪的犯罪对象。但是，这与违章建筑物还是有区别的。违章建筑物是一种不动产，尽管存在经济价值，根据物权法的规定，地上物要成为受民法、物权法保护的对象，必须是合法取得的，而不是非法形成的。在行政法上，违章建筑物必须被拆除，国家不需要承担补偿、赔偿责任。当然，前提是当事人拒绝执行城管部门下发的拆除通知书。因此，从刑法看，违章建筑是危害社会管理秩序的行政违法行为，行政违法行为及其法理结果不应当是刑法所保护的对象，也即，拆除违章建筑物是合法的。刑法第九十二条规定的私人所有财产，其一个基本前提是合法的。至于拆除行为中的不合理、不正当、甚至违法行为，这应该有行政法调整，而不是刑法，有关民事纠纷可以诉诸民事法律。最后，客观地讲，近些年违章建筑物拆除事件牵涉的关系太多，有着复杂的社会环境和制度问题，不能完全寄希望于刑法来解决。

再次，孙某作为A有限公司的管理人员，在该公司有关领导的授意下，具体负责拆除事宜，从行为归属看，这是单位意志支配的行为，不是孙某的个人行为。而如上所述，A有限公司的强行拆除事出有因，虽然拆除程序有瑕疵。因此，孙某的行为更加情有可原，拆除程序与方式粗暴不足以认定为故意毁坏。而且，在拆除过程中，有关民工财物丢失和被殴打行为缺乏直接证据证明，难以认定。更为重要的是，故意毁坏财物所应该针对的是拆除物，而不是正在施工改建的民工及其财物，将难以认定的民工的人身、财产损失归属于孙某、黄某是不合理的。

3. 黄某与孙某之间仅存在劳务关系，不“应当知道”拆除物的内情

在本案中，鉴于黄某与孙某签订的《劳务协议》中具有自我保护条款，以及选择晚间作为拆除时段，并在拆迁过程中有一些粗暴行为发生。据此，有人认为根据这些间接证据可以推断出黄某具有故意毁坏财物罪的共同犯罪

① 参见张明楷：《刑法学》（第四版），法律出版社2011年版，第834～836页。

故意。

笔者认为，该观点不成立。一方面，鉴于当前拆除违章建筑物的社会敏感性，往往涉及较为复杂的法律关系。在劳务关系中，基于民事主体的平等关系，双方可以约定一些特殊条款，只要不违背法律规定和公序良俗等，都是合法的。因此，黄某担心拆除建筑物中发生意外，而要求签订特殊保护条款是合情合理的举动，不能直接以此推断应当知道本案背后的隐情。另一方面，将拆迁时间选择在晚上的事实被有些人认为是避人耳目，这种推测没有任何根据，是不能作为证据使用的，如可能是为了避免扰民，所以需要更多的证据证实。在拆迁过程中，确实存在一些粗暴的行为，由此也难以推断出黄某可能知道隐情，因为尚未达到推定所要求的证明标准①。黄某作为《劳动协议》一方，是在孙某的指挥下进行拆除作业，这些粗暴行为在没有足够证据的情况下，不宜归属于黄某承担，否则有失公正。

在理论界，对于如何理解“应当知道”或“可能知道”② 的理解，有以下观点：一是事实上不知道，行为人应当知道而不知道，属于过失。③ 二是应当知道属于认识因素，行为人对结果持希望或放任态度，则分别对应直接故意和过失。④ 三是属于推定故意，也即推定知道，是一种认识因素。⑤ 笔者认为，应当知道就是可能知道，是对行为及其危害结果的一种或然性认识，只是基于法律规定或者刑事政策等理由，而直接由法律推定为明知，也即可能认识到行为及其危害结果。在本案中，根据所查证的事实和现有的证据，无法直接证明黄某是明知的。根据《劳动协议》中的保护条款、晚间拆除、强行带离等事实，尚无法推定为应当知道。理由为：推定中的基础事实必须与所推定的事实具有相当的必然性关系，进言之，根据前述所列举的三种情形，一般常人应当认识到被拆建筑物的租赁各方存在民事纠纷。但是，显然现有的证据不足以证

① 参见孙道萃、黄帅燕：《刑事主观事实的证明问题初探》，载《证据科学》2011 年第 5 期，第 539 ~ 547 页。

② 参见于志刚：《“应当知道”与“可能知道”的差异与并存》，载《人民检察》2007 年第 21 期，第 34 页。

③ 参见高铭暄主编：《新型经济犯罪研究》，中国方正出版社 2000 年版，第 841 ~ 842 页。

④ 参见谢财能：《刑法中的“应当知道”应作两种理解》，载《人民检察》2008 年第 18 期，第 62 页。

⑤ 参见陈兴良：《“应当知道”的刑法界说》，载《法学》2005 年第 7 期，第 80 ~ 84 页。

实，不仅没有直接言词证据，而且其他的间接证据难以形成一个完整的证据链——并未排除了一切的合理怀疑[1]，也就无法达到“事实清楚、证据确实、充分”的证明标准。

最后，犯罪嫌疑人孙某不构成故意毁坏财物罪，则黄某更不构成该罪。至于寻衅滋事罪也不成立，因为黄某与孙某签有《劳务协议》，绝非无缘无故拆除。刑事判决要做到法律效果和社会效果的高度合一，近些年随着城市发展需要，违章建筑物成为城市管理的“老大难”，其间涉及多方的利益，是一个敏感的社会事件。在强制拆除违章建筑物面临多方阻力的情况下，本案中的出租方主动拆除，虽然拆迁程序略有瑕疵，但不宜定罪，要考虑到判决可能引发的社会负面影响。

综上所述，违章建筑，从严格意义上讲，是指违反土地管理法、城乡规划法、村庄和集镇建设管理条例等相关法律法规的规定动工建造的房屋及设施。《中华人民共和国城乡规划法》第六十四条规定：“未取得建设工程规划许可证或者未按照建设工程规划许可证的规定进行建设的，由县级以上地方人民政府城乡规划主管部门责令停止建设；无法采取改正措施消除影响的，限期拆除。”因此，违章建筑物尽管在民事法律关系中具有一定的经济价值，具体实施违章建筑的主体（承租人）支付了相当的成本，理应受到保护。但是，在责令通知自行拆除之后仍不执行，城管部门可以强制拆除，有关当事人也可以协助拆除。在本案中，由出租方主动拆除承租方的违章建筑物，尽管在资质与程序上存在问题，但这无法改变违章建筑物的非法属性，当然也就不是法律所保护的对象，更不属于刑法中故意毁坏财物罪的犯罪对象。至于本案所涉及高达一千余万元的投资损失，则可以根据租赁合同承担相应的民事责任。综上所述，孙某和黄某均不构成犯罪，本案属于民事纠纷，应通过租赁合同解决责任承担与民事赔偿。

① 参见童建明主编：《新刑事诉讼法理解与适用》，中国检察出版社2012年版，第74～76页。

《最新法律文件解读》丛书
稿　约

《最新法律文件解读》是一套以为最新法律规范提供同步“解读”为主的系列丛书，分为刑事、民事、商事、行政与执行4个分册，按月出版。

本丛书以“解读”为重点，突出全、专、新、快、准等特点，通过对最新出台的法律、法规、司法解释、部门规章以及重要地方性法规进行同步动态解读，弥补了法律、法规、司法解释汇编类出版物没有同步阐释、解读内容的不足，为广大读者学习理解最新法律规范，正确贯彻执行法律文件，及时解决实践中的新情况、新问题，提供一个全方位、多层面的法律信息平台。

欢迎您向以下栏目赐稿：

【最新法律文件解读】主要是对最新颁行的法律文件进行解读，帮助司法和执法人员正确理解法律文件的立法背景、意义、重点内容、在适用中应注意的问题、与相关法律文件的衔接与互动关系等等。

【司法实务问题研究】主要刊登对司法理论、实务及司法管理工作中的热点、疑难问题进行研究及评论的文章。

【新类型疑难案例选评】主要是对司法和行政执法实践中具有典型性和代表性的疑难案例，结合具体案情以及审理或处理结果进行简练精辟的点评，解析认识问题的方法、处理问题的法律依据和在个案中的具体适用。

【法学前沿与新视点】以摘要的形式刊登相关法学理论研究的最新动态及具有代表性和典型性的前沿问题，扩展法学研究的深度和广度。

【法律适用问题解答】主要针对司法和行政执法实践中面临的新问题、热点问题、疑难问题进行简要地解答，指出涉及的法律关系，明确法律适用依据。

稿件一经刊用，即付稿酬，稿酬从优。

《刑事法律文件解读》　兰丽专　邮箱：lanlizhuan@sohu.com

《民事法律文件解读》　肖瑾璟　邮箱：courtbook@163.com

《商事法律文件解读》　孙振宇　邮箱：shangshijiedu@126.com

《行政与执行法律文件解读》　丁丽娜　邮箱：dlnlaw@yahoo.com.cn

人民法院出版社

《最新法律文件解读》丛书编辑部